Spécial Collège

Fiches 4e

Conforme au programme

Compil de fiches

Français

Josepha Faber-Boitel

Maths

Stéphane Renouf

Anglais

Louise Eisenstein

MAGNARD

Illustration couverture : Claire Delvaux
Illustrations intérieures : Marygribouille
Illustrations mascottes Méthode : Kim Consigny
Édition : Marie Gendrier
Conception graphique : Muriel Ouziane et Yannick Le Bourg
Crédits iconographiques : © Adobe Stock : p. 173, p. 175 ; © Rex Features/REX/SIPA : p. 177 ; © Paramount Pictures/Ronald Grant Archive/Alamy Stock Photo : p. 183 ; © Prod DB/BBC Wales/Hartwood Films/Masterpiece Theatre/DR : p. 197.
Mise en pages : Nord Compo

Sommaire

Français

La phrase et ses constituants

Le verbe : temps, modes et valeurs

Le texte : énonciation et organisation

L'origine et la formation des mots

Genres littéraires : caractéristiques

Les classes de mots variables et invariables

FICHE 1

1 Les mots variables

Ils changent de forme, car ils s'accordent en genre et en nombre avec le mot qu'ils complètent.

Déterminants	Ils introduisent un nom ou un groupe nominal. Ils comprennent les articles **définis** (*le, la, les*) et **indéfinis** (*un, une, des*) ; les adjectifs **possessifs** (*mon, ma, mes*), **interrogatifs** et **exclamatifs** (*quel, quelle, quelles*), **démonstratifs** (*ce, cette, ces*) et **numéraux** (*un, deux, dix ; premier, second*).
Nom	Il désigne une personne (« Anna »), un objet (« une table »), une réalité concrète (« une forêt ») ou une notion abstraite (« la liberté »).
Pronom	Il permet de remplacer un nom. *Ex. : je, tu, lui, leur.*
Adjectif	Il apporte une précision sur un nom. *Ex. : beau, grand, merveilleux.*
Verbe	Il exprime une action ou un état. *Ex. : sauter, danser, devenir.*

2 Mots invariables

Les mots invariables ne s'accordent pas et ne changent donc pas de forme.

Adverbe	Il apporte une précision sur le sens d'un adjectif, d'un verbe ou d'un autre adverbe. *Ex. : souvent, jamais, très, peu, habituellement.*
Préposition	Elle introduit le complément d'un nom ou d'un verbe. *Ex. : à, de, par, pour, sans.*

Conjonction

Une conjonction de **coordination** sert à relier les éléments d'une phrase.
Ex. : mais, ou, et, donc, or, ni, car.
Une conjonction de **subordination** sert à introduire une proposition subordonnée.
Ex. : puisque, quand, alors que.

Interjection

Elle sert à exprimer une émotion ou à reproduire un son (onomatopée) et est toujours suivie d'un point d'exclamation.
Ex. : « Ah ! », « Oh ! », « Hélas ! », « Boum ! »

Exercices

→ Corrigés page 77

1 Dans la phrase suivante, sous chaque terme souligné, reporte la lettre qui correspond à la classe à laquelle le mot appartient.

a. Pronom – **b.** Verbe – **c.** Nom – **d.** Déterminant – **e.** Préposition – **f.** Adjectif – **g.** Interjection

<u>Oh</u>, <u>dans</u> le lointain, <u>le</u> soleil <u>illumine</u> une <u>dernière</u> fois la <u>prairie</u>,

....

<u>il</u> se couche !

.....

2 Pour chaque explication, indique si ce qui est affirmé est vrai ou faux.

1. Le pronom est invariable.

a. ☐ vrai **b.** ☐ faux

2. Le déterminant est variable.

a. ☐ vrai **b.** ☐ faux

3. La préposition introduit des compléments.

a. ☐ vrai **b.** ☐ faux

4. Le verbe peut exprimer un état.

a. ☐ vrai **b.** ☐ faux

FICHE 2

Le nom et ses expansions

1 Le groupe nominal

Dans un **groupe nominal minimal**, le nom peut être enrichi d'**expansions**, c'est-à-dire de mots ou de groupes de mots qui permettent de le décrire plus précisément.

Méthode

Reconnaître un groupe nominal étendu

Groupe nominal
Déterminant + nom

+

Expansion
- Épithète
- Complément du nom
- Complément de l'antécédent

=

Groupe nominal étendu

2 Les natures et les fonctions des expansions du nom

Selon leur classe grammaticale, les expansions peuvent avoir trois fonctions : **épithète**, **complément du nom** et **complément de l'antécédent**.

Épithète

- Adjectif
  *Une **grande** porte*
- Participe
  *Un concours **réputé***

Complément du nom

- GN prépositionnel
  - nom
    *La porte **d'entrée***
    *Une feuille **à carreaux***
  - pronom
    *Le prix **des siennes***
  - un infinitif
    *Le besoin **d'économiser***
  - un adverbe
    *Le temps **d'avant***

Complément de l'antécédent

- Proposition subordonnée relative
  introduite par un pronom relatif *(qui, que, quoi, dont, où, lequel, auquel, duquel…)*
  placée après l'antécédent *(le nom qui la précède)*

3 La mise en apposition

L'**apposition** juxtapose une nouvelle information au groupe nominal, mais elle en est **séparée** par une virgule ou deux-points.

Adjectif/participe	Nom/GN	Pronom
Amoureuse, elle l'admire. ***Dépité***, il s'en va.	*Mathilde, **sa cousine**, est intelligente.*	*Ce garçon, **le leur**, est gentil.*

Infinitif	Proposition subordonnée conjonctive
*Une seule envie : **gagner** !*	*Un seul risque : **qu'elle perde**.*

Exercices

→ Corrigés page 77

1 Coche les phrases qui contiennent une expansion du nom.

a. ☐ Tu avoues que tu as tort.

b. ☐ Ce voyage : magnifique aventure !

c. ☐ C'est mon pull à carreaux.

d. ☐ Ils partent aujourd'hui.

e. ☐ Eux, les pauvres, sont malheureux !

f. ☐ Qu'il est grand !

g. ☐ Où vas-tu ?

h. ☐ Ce roi cruel a abdiqué.

2 Pour chaque phrase, indique la fonction de l'expansion soulignée.

a. Épithète
b. Complément du nom
c. Complément de l'antécédent
d. Apposition

1. Nadia, <u>qui est sa marraine</u>, revient. → ....
2. Il a un défaut : <u>il ment souvent</u>. → ....
3. Le portail <u>du jardin</u> est cassé. → ....
4. Cette école <u>prestigieuse</u> coûte cher. → ....

Le verbe et ses compléments

FICHE 3

1 La construction du verbe

Le verbe est le noyau de la phrase ; il s'accorde **en genre et en nombre** avec le sujet et change donc de forme.

Méthode

Reconnaître la nature d'un verbe

Verbe transitif	Verbe intransitif	Verbe d'état
Il se construit avec un complément. *Ex. : Je regarde* ***un film****.*	Il se construit sans complément. *Ex. : Je marche* ***ø****.*	Il exprime un état ou un changement d'état. *Ex. : Il est* ***content****.*

2 Les compléments du verbe

Ce que le verbe exprime

Action → **Type de complément**

- Complément d'objet direct **COD** → **Comment le reconnaître** : Sans préposition → *Je saisis* ***le stylo****.*
- Complément d'objet indirect **COI** → Avec préposition → *Je parle* *__de__* ***mon frère****.*
- Complément d'objet second **COS** → **2e complément d'objet** Avec préposition → *Je donne le stylo (COD)* *__à__* ***mon ami****.*

État → **Attribut du sujet** → Après un verbe d'état : ***être, sembler, devenir, paraître…*** → *Elle semble* ***aimable****.*

Le COD, le COI, le COS et l'attribut du sujet sont des **compléments essentiels** du verbe, ce qui signifie qu'ils ne peuvent être ni supprimés ni déplacés.

3 Les classes grammaticales des compléments du verbe

Un complément du verbe peut être :
- un nom ou un groupe nominal : *Je regarde la mer ; Il téléphone à sa tante.*
- un pronom : *Je la regarde ; Il lui téléphone.*
- un verbe à l'infinitif : *Je veux chanter.*
- un adverbe : *Nous irons là-bas ; Ça fait longtemps !*
- une proposition subordonnée : *Je me demande si tu vas venir ; J'apprends que tu es prêt.*

Exercices

→ Corrigés page 77

1 Dans les phrases suivantes, indique la fonction des termes soulignés.

a. COD **b.** COI **c.** COS **d.** Attribut

1. Je reviens de vacances. → ....
2. Rends ce billet à ton frère. → ....
3. Rends ce billet à ton frère. → ....
4. Tu es très pâle. → ....

2 Pour chaque explication, indique si ce qui est affirmé est vrai ou faux.

1. « Paraître » est un verbe d'état. **a.** ☐ vrai **b.** ☐ faux
2. Le COD est déplaçable. **a.** ☐ vrai **b.** ☐ faux
3. L'attribut informe sur le sujet. **a.** ☐ vrai **b.** ☐ faux
4. Le COS peut être supprimé. **a.** ☐ vrai **b.** ☐ faux

La phrase simple et la phrase complexe

FICHE 4

1 La phrase

Phrase
– **Majuscule** au début et **point** final
– **Ensemble** de mots ayant un **sens**

Non verbale
– **Sans verbe conjugué**
Ex. : Quel beau temps !

Verbale
– **Avec verbe conjugué**
Ex. : Il fait beau aujourd'hui !

Simple
– **1** seul **verbe conjugué** = **1** seule **proposition**

Complexe
– **Plusieurs verbes conjugués = plusieurs propositions**

Minimale
– **Sujet + verbe**
Ex. : Je pars.

Étendue
– **Sujet + verbe + complément**
Ex. : Je pars demain.

2 La structure de la phrase complexe

La phrase complexe comporte plusieurs propositions, qui peuvent être reliées entre elles de différentes façons.

a. La juxtaposition

Lorsque deux propositions indépendantes l'une de l'autre sont séparées par une virgule, un point-virgule ou deux-points, on dit qu'elles sont juxtaposées.

Proposition indépendante 1	Proposition indépendante 2
Il sort,	*il est pressé.*

b. La coordination

Lorsque deux propositions indépendantes l'une de l'autre sont reliées par une **conjonction de coordination** ou par un **adverbe**, on dit qu'elles sont coordonnées.

Proposition indépendante 1	Proposition indépendante 2
Il reste	***mais** il est pressé.*

c. La subordination

Quand deux propositions sont reliées par une **conjonction de subordination**, on dit qu'elles sont subordonnées.

Attention

La proposition subordonnée ne peut pas fonctionner sans la proposition principale, dont elle dépend toujours. Sans elle, elle n'a aucun sens.

Proposition principale	Proposition subordonnée
Il part	***parce qu'**il est pressé.*

Exercices

→ Corrigés page 77

1 Raye les compléments quand il est possible de les supprimer ou de les déplacer.

1. Hier, vous êtes arrivés.
2. J'entends de chez moi que le vent souffle.
3. Prends doucement cet objet fragile.
4. Il est tombé par terre et a éraflé son genou.

2 Pour chaque phrase, indique si les propositions sont :

a. juxtaposées. b. coordonnées. c. subordonnées.

1. Prends ce livre et apporte-le-moi. → ....

2. Le voici : il arrive ! → ....

3. Nous partons demain puisque les vacances commencent.

→ ....

4. Ni excuse ni prétexte ne seront admis pour les retards.

→ ....

La phrase : types et formes

FICHE 5

1 Les types de phrases

- Il existe **quatre types de phrases**.
- Toute phrase associe obligatoirement une forme et un type.

Type de phrase	Déclarative	Injonctive	Exclamative	Interrogative
Ce qu'elle exprime	une **information**	un **ordre**, un **conseil**	un **sentiment**	une **question**
Ponctuation associée	. …	!	. !	?

2 Les formes de phrases

a. La forme impersonnelle

- Certains verbes imposent le choix de la forme impersonnelle dans une phrase.
- Un verbe est impersonnel quand on ne peut le conjuguer qu'**à la 3e personne du singulier**.
- Le sujet de la phrase ne désigne personne : on dit donc qu'il est **impersonnel**.

Exemple : Il faut travailler.

- Certains verbes ne peuvent se construire qu'à la forme impersonnelle :
  – les verbes liés à la météo : *pleuvoir, neiger, venter,* etc.
  – *falloir, s'agir de, arriver que,* etc.

b. La forme emphatique

- Elle **met en relief un élément de la phrase classique** (*« Ce garçon est malin »*) de 3 manières différentes :
  – en reprenant un élément à l'aide d'un pronom : *Ce garçon, je* ***le*** *trouve malin.*
  – en modifiant l'ordre des mots : ***Malin****, ce garçon !*
  – en ajoutant un présentatif : *C'est… qui/que* ; *voilà* ; *voici* ; *il y a*.

| Exemple : C'est un garçon qui est malin ! Voilà un garçon malin !

• Si une phrase n'est pas emphatique, on dit qu'elle est **neutre**.

c. Forme active et forme passive

• À la forme **active**, l'agent (celui qui **fait l'action**) est le sujet de la phrase.

• À la forme **passive**, l'agent **subit l'action**. Il devient alors **complément d'agent** et est introduit par une préposition (« de » ou « par »).

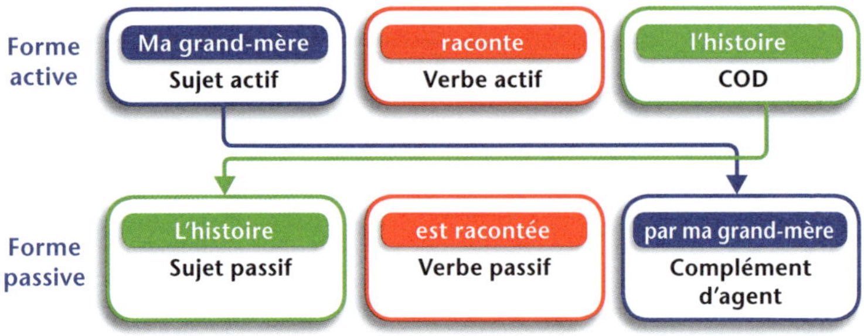

Exercices

→ Corrigés page 77

1 Souligne le complément d'agent quand il y en a un, puis indique s'il s'agit d'une phrase à la voix :

a. active. b. passive.

1. Le vent a déraciné un arbre. → ....
2. Le bateau a été brisé par les vagues. → ....
3. Nous sommes sortis de l'école. → ....
4. Ce footballeur est très aimé de ses admirateurs. → ....

2 Entoure les présentatifs dans les phrases emphatiques et souligne les groupes verbaux dans les phrases impersonnelles.

1. Voici que Jean s'approche et qu'il parle.
2. Il y a longtemps déjà.
3. Faut-il que vous soyez si lointains ?
4. C'est la distance qui gêne notre correspondance.

Les compléments de phrase

FICHE 6

1 Les types de compléments et leurs classes grammaticales

• Les compléments de phrase ou compléments circonstanciels sont des compléments facultatifs de la phrase.
• Contraintement aux compléments essentiels (→ *voir fiche 3*), les compléments de phrase peuvent être supprimés ou déplacés.

Complément de temps	Il répond à la question « quand ? ». *Ex. : Hier, je suis allé au cinéma.*
Complément de lieu	Il répond à la question « où ? ». *Ex. : Viens ici.*
Complément de manière	Il répond à la question « de quelle façon ? ». *Ex. : Elle court très vite.*
Complément d'accompagnement	Il répond à la question « avec/sans qui ? ». *Ex. : Hier, je suis allé au cinéma avec mes parents.*
Complément de moyen	Il répond aux questions « avec quoi ? », « comment ? ». *Ex. : J'ai tracé un cercle avec un compas.*
Complément de but	Il répond à la question « pour quoi ? ». *Ex. : Elle accélère afin de remporter la course.*
Complément de cause	Il répond à la question « pour quelle raison ? ». *Ex. : Il tremble parce qu'il a froid.*
Complément de conséquence	Il répond à la question « avec quel résultat ? ». *Ex. : Il a tellement froid qu'il tremble.*
Complément d'opposition	Il évoque deux actions qui sont en opposition. *Ex. : Il veut continuer à jouer alors qu'il est blessé.*
Complément de concession	Il indique qu'une action n'a pas eu le résultat attendu. *Ex. : Bien qu'il se soit blessé, il veut continuer à jouer.*
Complément de condition	Il répond à la question « à quelle condition ? ». *Ex. : Si elle court assez vite, elle remportera la course.*

Méthode

Reconnaître la classe grammaticale d'un complément

Un complément de phrase peut avoir différentes classes grammaticales.

Compléments de temps, lieu, manière, accompagnement, moyen	Compléments de but, cause, conséquence, opposition, concession, condition
Nom, groupe nominal, pronom, adverbe, verbe à l'infinitif, gérondif (*Elle a traversé la rue <u>en courant</u>*), proposition subordonnée conjonctive	– Groupe nominal, pronom, verbe à l'infinitif avec une **préposition** – Proposition subordonnée avec une **conjonction**

Exercices

→ Corrigés page 77

1 Indique la classe grammaticale de chaque complément souligné.

a. Pronom b. Verbe à l'infinitif c. Nom
d. Proposition subordonnée conjonctive
e. Groupe nominal prépositionnel f. Adverbe

1. <u>En dépit de la fatigue</u>, elle a fini son travail <u>rapidement</u>.

....

2. J'irai au cinéma <u>à la condition que tu m'accompagnes</u>.

....

3. Il restera ici <u>même si tu insistes</u>. ....

2 Indique la nature de chaque complément souligné.

a. Manière b. Moyen c. But

1. <u>Grâce à cet outil</u>, j'ai pu réparer rapidement mon vélo. → ....
2. Il l'entraîne <u>afin qu'elle réussisse</u>. → ....
3. Le bateau accoste <u>prudemment</u>. → ....
4. Avance <u>sans bruit</u>. → ....

Les propositions subordonnées

FICHE 7

1 Les propositions subordonnées complétives, conjonctives et interrogatives

a. La proposition subordonnée conjonctive circonstancielle

• Elle est introduite par une conjonction de subordination (*puisque, parce que, alors que, comme*).

• Elle est complément circonstanciel de la proposition principale.

| Exemple : Je ne sors pas parce qu'il pleut.

b. La proposition subordonnée conjonctive complétive

• Elle est introduite par la conjonction « que ».

• Elle peut être :
– COD du verbe de la proposition principale : *Je veux qu'il vienne.*
– sujet : *Qu'il gagne serait surprenant.*
– attribut du sujet : *Le pire serait qu'il perde.*

c. La proposition subordonnée interrogative indirecte

• Elle est introduite par un mot interrogatif (*qui, quel, où, si, pourquoi, quand*).

• Elle suit des verbes au sens interrogatif tels que « dire », « demander », « ignorer », « savoir ».

• Elle est toujours COD du verbe de la proposition principale.

| Exemple : Je me demande s'il est déjà là.

À retenir

Les propositions subordonnées conjonctives ne peuvent être déplacées ou supprimées de la phrase.

2 La proposition subordonnée relative

• Elle est introduite par un pronom relatif (*qui, que, quoi, dont, où, lequel, duquel, auquel*, etc.).

• Elle est complément de l'antécédent du pronom relatif.

Attention

Le verbe de la proposition subordonnée s'accorde avec le nom auquel renvoie le pronom relatif « qui ».

Antécédent	Pronom relatif	Proposition subordonnée
C'est la maison	dont	je t'ai parlé.
Voici les lames	qui	se brisent.
Vois ce lieu	que	je contemple.

Attention

Le pronom relatif « dont » introduit un COI, il n'y a donc pas d'accord du participe passé !

Exercices

→ Corrigés page 77

1 Entoure le mot introducteur de la proposition subordonnée et indique la nature de la proposition.

a. Circonstancielle **b.** Complétive **c.** Interrogative

1. Ils ne nous ont pas dit où ils iraient. → ....
2. Je crois que tu as raison. → ....
3. Je me demande s'il a fait l'appel. → ....
4. Elle souffre puisqu'elle est malade. → ....

2 Souligne le mot que complète la subordonnée, entoure le terme introducteur et indique la nature de la proposition.

a. Circonstancielle **b.** Complétive **c.** Interrogative

1. Nous ne savions pas pourquoi il criait. → ....
2. Nous pensions qu'il était vexé. → ....
3. Son visage, qui était rouge, suait. → ....
4. Il faisait des reproches dont nous ne comprenions pas le motif.

→ ....

La phrase et ses constituants

FICHE 8

MÉMO

THÈMES clés

Classes de mots : fiche 1

Le nom et ses expansions : fiche 2

Compléments de verbe et de phrase : fiches 3 et 6

La phrase (types et formes) : fiches 4 et 5

Propositions subordonnées : fiche 7

MOTS clés

Sujet : celui qui fait ou subit l'action.

Prédicat : ce que l'on dit du sujet.

Proposition : phrase ou partie de phrase contenant un sujet et un groupe verbal dont le noyau est un verbe conjugué à un mode personnel (indicatif, subjonctif, conditionnel, impératif).

Proposition subordonnée conjonctive : selon la conjonction de subordination l'introduisant, elle peut être interrogative (*si*), complétive (*que*), circonstancielle (*quand*).

Proposition subordonnée relative : introduite par un pronom relatif (*qui, que*). Elle est complément de l'antécédent.

SCHÉMAS-BILANS

La phrase et ses constituants essentiels

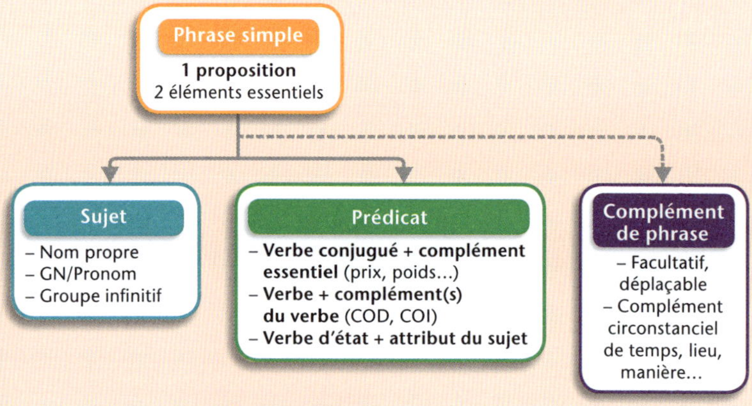

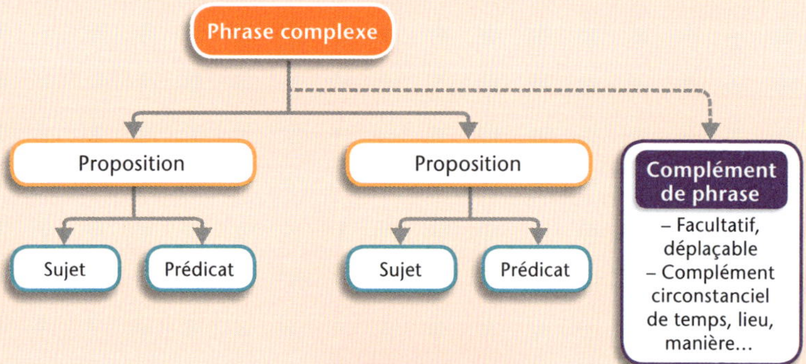

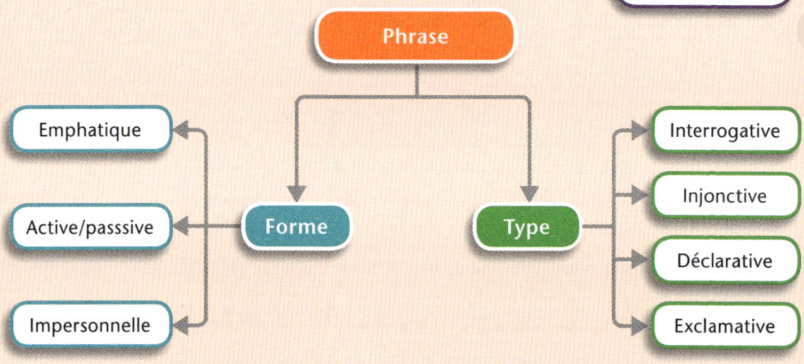

Reconnaître et utiliser les temps simples de l'indicatif

FICHE 9

1 Valeurs du présent

Le **présent** exprime généralement une action proche du moment où l'on parle.

- Dans un récit au passé, le présent de **narration** permet de remplacer le passé simple.
- Le présent de **vérité générale** est utilisé pour énoncer une morale, une vérité scientifique, une définition, etc.

| Exemple : La Terre tourne autour du Soleil.

- Le présent d'**habitude** exprime une action qui se répète.

| Exemple : Tous les jours, il déjeune à la cantine.

- Le présent **duratif** exprime une action qui dure.

| Exemple : Il pleut depuis deux jours.

- Le présent peut aussi avoir valeur de **passé** ou **futur proche**.

| Exemples : Il vient de sortir.
| Il arrive bientôt.

2 Valeurs des temps du passé

a. Imparfait

- Dans un récit, l'imparfait peut être utilisé pour :

– une **description** ;
– une **action secondaire** ;
– évoquer des **habitudes**, des actions répétées.

- Il peut exprimer la **condition**, associé au conditionnel présent, dans une proposition subordonnée.

| Exemple : Si j'avais su qu'il allait pleuvoir, j'aurais pris un parapluie.

b. Le passé simple

Le passé simple est utilisé pour décrire :
– les **actions de premier plan** d'un récit ;
– des **actions successives** : *Il partit, courut, tomba et se releva finalement.* ;
– des **actions de durée limitée**, brèves.

3 Valeurs et formation du futur

Le futur simple est utilisé pour exprimer :
- une **action** qui va se produire **dans l'avenir** : *Demain, il partira en vacances à l'étranger.*
- une **action dont la réalisation est soumise à une condition** : *S'il pleut, nous irons ramasser des escargots.*
- un **ordre** (équivalent de l'impératif) : *Vous apprendrez vos leçons pour lundi.*

Exercices

→ Corrigés page 78

1 Dans le texte :

a. Entoure les verbes exprimant un ordre.
b. Souligne les verbes annonçant un fait à venir.

Si vous acceptez cette mission, vous nierez tout lien avec notre organisation. Dès demain, un agent vous contactera. Vous ne poserez aucune question. Les autres consignes suivront plus tard.

c. À quel temps les verbes sont-ils conjugués ?

....

2 Indique le temps et la valeur de chaque verbe souligné.

a. Présent **b.** Imparfait **c.** Passé simple **d.** Futur
e. Énonciation **f.** Ordre **g.** Description
h. Action de premier plan

1. Que faites-vous ? Nous jouons à cache-cache. → ....
2. Le soleil se levait sur la prairie, la paix régnait. → ....
3. Dès l'entrée du directeur, vous vous lèverez. → ....
4. Alors qu'il dormait, un cri strident le réveilla. → ....

Reconnaître et utiliser les temps composés de l'indicatif

FICHE 10

1 Formation des temps composés

- À chaque **temps simple** correspond un **temps composé**.
- Formation : **auxiliaire** « avoir » ou « être » conjugué à un temps simple + le **participe passé**.

Passé composé
Il a lu.
↳ Présent

Plus-que-parfait
Il avait lu.
↳ Imparfait

Futur antérieur
Il aura lu.
↳ Futur

Passé antérieur
Il eut lu.
↳ Passé simple

2 Valeurs temporelles

Un temps composé exprime l'**antériorité** par rapport à un temps simple.

À retenir

Les temps composés renvoient à des actions qui se sont déroulées avant celles exprimées aux temps simples.

Antériorité		Exemples
Passé composé	**Présent** (énonciation)	J'<u>ai acheté</u> cette robe hier, et je <u>m'aperçois</u> seulement maintenant d'un défaut !
Plus-que-parfait	**Imparfait** **Passé simple** **Passé composé**	J'<u>avais accompli</u> mes tâches depuis dix minutes, alors que mon frère <u>finissait</u> encore les siennes.
Passé antérieur	**Passé simple**	Quand j'<u>eus fini</u> mes devoirs, je <u>partis</u> jouer.
Futur antérieur	**Futur simple**	Une fois que vous <u>aurez fini</u> de copier, vous <u>rangerez</u> vos affaires.

3 Valeurs aspectuelles

a. Les valeurs des temps du passé

- Les temps du passé permettent de décrire une **action achevée.**

• Dans un récit, le **passé composé** peut être utilisé pour une **action de premier plan**.

À l'oral, il remplace souvent le passé simple.

• Associé au conditionnel, le **plus-que-parfait** exprime :
– la condition : *S'il m'avait averti, je serais arrivé à l'heure.*
– l'atténuation, la politesse : *J'étais venu vous proposer un accord.*

• Souvent précisé par un adverbe de temps, le **passé antérieur** sert à exprimer un fait passé, qui s'est rapidement achevé.

| **Exemple :** Dès qu'il eut terminé ses valises, il partit prendre le train.

b. Les valeurs du futur dans le passé

Le **futur antérieur** peut être utilisé pour exprimer :
– une hypothèse concernant un fait passé : *Un proche l'aura certainement trahi.*
– une **action dans le futur**, dont la réalisation est très probable : *D'ici à deux ans, il aura fini ses études de médecine.*

Exercices

→ Corrigés page 78

❶ Coche les phrases dans lesquelles apparaît un temps composé.

a. ☐ J'ai vu cet homme le secourir.
b. ☐ Comment réussiras-tu ?
c. ☐ Voudriez-vous participer ?
d. ☐ Nous avions tout deviné.
e. ☐ Il aura sans doute oublié.
f. ☐ Apprenez vos textes.
g. ☐ Quand il eut terminé ses devoirs, il partit jouer au foot.

❷ Conjugue chaque verbe au temps composé correspondant.

1. Elle crie sa colère → Elle .... sa colère.

2. Tu doutais de lui. → Tu .... de lui.

3. Nous comprîmes rapidement le piège. → Nous .... rapidement .... le piège.

4. Vous signerez un contrat dans la semaine → Vous .... un contrat dans la semaine.

Le participe : formes et accords

FICHE 11

1 Participe présent

a. Formation

Participe présent + Radical de la 1re personne du pluriel du présent de l'indicatif = *-ant*

b. Participe présent ou adjectif verbal ?

Participe présent
→ **Forme verbale (verbe + terminaison *-ant*)**
→ Invariable
→ Se met à la forme négative / Peut avoir un sujet ou un COD / Se remplace par un gérondif

Adjectif verbal
→ **Forme adjectivale**
→ Accord en genre et en nombre
→ Peut être précédé de l'adverbe « très » / Qualifie un nom ou un pronom / Se remplace par un autre adjectif

Attention

L'adjectif verbal (« navigant », « convaincant », « négligent ») n'a pas la même forme que le participe présent (« naviguant », « convainquant », « négligeant ») pour quelques verbes en *-guer*, *-quer*, *-ger* et autres exceptions.

2 Participe passé

a. Formation

Le participe passé ne se forme pas de la même manière pour tous les verbes.

Méthode

Former un participe passé

Verbes en *-er* (1er groupe)	Verbes en *-ir* (2e groupe)	Tous les autres verbes (3e groupe)
Participe en *-é* *Ex. : J'ai aimé.*	Participe en *-i* *Ex. : J'ai fini.*	Participe en *-i* *Ex. : J'ai cueilli.* Participe en *-u* *Ex. : J'ai voulu.* Participe se terminant par une consonne *Ex. : J'ai pris/peint.*

b. Accords

- **Sans auxiliaire**, le participe passé s'utilise comme un adjectif et s'accorde avec le nom qu'il qualifie : *Épuisées, elles dorment.*
- **Avec l'auxiliaire « être »**, il s'accorde en genre et en nombre avec le sujet : *Ils sont partis.*
- **Avec l'auxiliaire « avoir »**, il s'accorde avec le COD, si celui-ci est placé **avant l'auxiliaire** :
Ces filles, je les (COD) ai déjà vues. Je parle des filles que (COD) j'ai déjà vues.

À retenir

Le participe passé ne s'accorde jamais avec un COI : *Ces garçons, je leur* (COI) *ai parlé.*

- Il n'y a **pas d'accord quand le COD est placé après l'auxiliaire** : *J'ai vu ces filles* (COD).

Exercice

→ Corrigés page 78

1 Indique si le terme souligné est un :

a. participe présent. **b.** adjectif verbal.

1. Il est très fatigant. → ....
2. Obéissant, les élèves approchent. → ....
3. Ces élèves sont obéissants. → ....
4. Écoutant attentivement, les élèves apprennent. → ....

Reconnaître et utiliser le subjonctif

FICHE 12

- **Le subjonctif est un mode verbal** souvent précédé de *que*.
- Les temps du subjonctif sont : le **présent,** le **passé**, l'**imparfait** et le **plus-que-parfait**.

1 Conjugaison

a. Subjonctif présent

- Formation : radical de la 3e personne du pluriel du présent de l'indicatif + terminaison.
- La conjugaison d'**« être »** et **« avoir »** se forme d'une manière différente de celle des autres verbes.
- Pour les verbes du 3e groupe, le radical est souvent modifié : *aller → que j'aille.*

Tous les verbes	Que je finisse	Que tu finisses	Qu'il finisse	Que nous finissions	Que vous finissiez	Qu'ils finissent
Être	Que je sois	Que tu sois	Qu'il soit	Que nous soyons	Que vous soyez	Qu'ils soient
Avoir	Que j'aie	Que tu aies	Qu'il ait	Que nous ayons	Que vous ayez	Qu'ils aient

b. Subjonctif passé

Formation : auxiliaire « être » ou « avoir » au présent du subjonctif + participe passé du verbe.

Que j'aie fini	Que tu aies fini	Qu'il ait fini	Que nous ayons fini	Que vous ayez fini	Qu'ils aient fini
Que je sois venu	Que tu sois venu	Qu'il soit venu	Que nous soyons venus	Que vous soyez venus	Qu'ils soient venus

2 Valeurs

- Le subjonctif s'emploie avec des verbes exprimant : l'envie, le souhait, le désir, l'émotion, l'obligation, le doute.
- **Subjonctif présent :**

– éventualité liée au moment présent : *Je souhaite que tu m'accompagnes.*

– éventualité très improbable ou envisagée dans un récit au passé : *Il était possible que nous nous trompions.*

- **Subjonctif passé :**

– éventualité antérieure au moment présent ou futur : *J'exige que tu aies appris tes leçons avant la récréation.*
– éventualité liée à une action antérieure dans un récit au passé : *Il était possible que nous nous soyons trompés.*

3 Principaux emplois

Proposition subordonnée

- **Conjonctive** : Volonté, doute, but, ordre, obligation
  Ex. : Je prie qu'il arrive sain et sauf.
- **Relative** : Idée abstraite, envie
  Ex. : Je voudrais un chien qui soit câlin.

Proposition principale ou indépendante

- **Défense** : *Ex. : Que personne ne bouge !*
- **Indignation** : *Ex. : Moi, que je me taise !*
- **Ordre** : *Ex. : Qu'il vienne immédiatement !*

Exercices

→ Corrigés page 78

1 Entoure les verbes au subjonctif.

Cher Julien,
Que cette lettre te trouve en bonne santé ! Que tu ne saches pas à quel point je t'aime me peine vraiment. Que faut-il que je fasse pour que tu tiennes compte de mes sentiments ? Ne sois pas si aveugle !

2 Relie chaque phrase ou proposition à la bonne valeur.

1. Que cette lettre te trouve en bonne santé ! •
2. Que tu ne saches pas à quel point je t'aime... •
3. Que faut-il que je fasse... •
4. ... pour que tu tiennes compte de mes sentiments ? •

• a. Indignation
• b. But
• c. Souhait
• d. Obligation

Reconnaître et utiliser le conditionnel

FICHE 13

Le conditionnel peut être un mode (expression d'une hypothèse) ou un temps employé dans un récit au passé pour annoncer un fait à venir.

1 Conditionnel présent

a. Conjugaison

Formation : radical du futur + terminaison de l'imparfait.

À savoir

Les verbes qui changent de radical au futur en changent aussi au conditionnel.

b. Valeur temporelle

Quand il est employé dans un récit au passé, le **conditionnel présent** sert à exprimer une **action à venir par rapport à un moment du passé** : *Je pensais qu'il n'y arriverait pas.*

À retenir

On nomme la valeur temporelle du conditionnel « **futur dans le passé** ».

c. Valeurs modales

- **Demande polie :** *Pourrais-tu fermer la fenêtre ?*
- **Conseil :** *Vous devriez réviser.*
- **Incertitude :** *Selon le plombier, il y aurait une fuite.*
- **Hypothèse :**
  - action réalisable dans l'avenir (**potentiel**) : *Il suffirait d'une bonne rénovation et cette maison deviendrait accueillante.*
  - action non réalisée dans le présent (**irréel du présent**) : *Tu réussirais, si tu travaillais !*

2 Conditionnel passé

a. Conjugaison

Formation : auxiliaire « avoir » ou « être » au conditionnel présent + participe passé du verbe.

b. Valeur temporelle

Antériorité par rapport à une action au conditionnel présent (expression d'un fait qui se passe avant le conditionnel présent) :
Il a dit qu'il partirait dès qu'il aurait fini les vérifications.
(Conditionnel présent) (Conditionnel passé)

c. Valeurs modales

- **Supposition :** *Il l'aurait insulté par jalousie.*
- **Regret :** *Tu aurais dû avouer dès le départ.*
- **Hypothèse :**
  – action non réalisée dans le passé (**irréel du passé**) : *Si la Révolution n'avait pas eu lieu, la monarchie absolue aurait perduré.*

Exercices

→ Corrigés page 78

1 Le verbe souligné est-il conjugué au conditionnel présent ou au conditionnel passé ? Coche la bonne réponse.

1. J'aurais aimé voir ce film. a. ☐ présent b. ☐ passé
2. Viendriez-vous demain ? a. ☐ présent b. ☐ passé
3. Elle aurait voulu déménager. a. ☐ présent b. ☐ passé
4. Tu l'apprécierais si tu la connaissais. a. ☐ présent b. ☐ passé

2 Relie chaque phrase à la bonne valeur.

1. Si la dictature s'imposait, je fuirais. •
2. Je savais que tu refuserais. •
3. Si elle avait su nager, elle l'aurait sauvé ! •
4. A priori, tout danger serait écarté. •

• a. Futur dans le passé
• b. Hypothèse
• c. Supposition
• d. Irréel du passé

3 Coche la conjugaison qui permet de compléter la phrase.

1. S'il fait beau, ... besoin de mes lunettes de soleil.
a. ☐ j'aurai b. ☐ j'aurais

2. Je le .... demain, promis !
a. ☐ ferais b. ☐ ferai

3. Pour Noël, ... le cadeau de mes rêves.
a. ☐ j'aimerais b. ☐ j'aimerai

4. Revenez quand vous .... prêts.
a. ☐ serez b. ☐ seriez

BILAN

Le verbe : temps, modes et valeurs

FICHE 14

MÉMO

THÈMES clés

Temps simples de l'indicatif : fiche 9
Temps composés de l'indicatif : fiche 10
Le participe : fiche 11
Le subjonctif : fiche 12
Le conditionnel : fiche 13

MOTS clés

Temps simple : en un mot, construit avec une seule forme verbale contenant le radical et la terminaison.

Temps composé : en deux ou trois mots, construit avec l'auxiliaire «avoir» ou «être» suivi du participe passé du verbe.

Mode : indique comment le locuteur situe l'énoncé par rapport à la réalité.

Valeur : signification d'un mode ou d'un temps exposant un fait comme réel, souhaitable, possible.

Conditionnel : peut être considéré comme mode ou comme temps de l'indicatif.

SCHÉMA-BILAN

Valeurs des temps de l'indicatif

TEMPS SIMPLES

Présent
- énonciation, habitude, narration, duratif, vérité générale, passé proche, futur proche

Imparfait
- duratif, descriptif, habitude, action de 2d plan

Passé
- actions ponctuelles, successives, de 1er plan

Futur
- action à venir, ordre

Conditionnel
- futur dans le passé

TEMPS COMPOSÉS

– Passé composé – Plus-que-parfait – Passé antérieur – Futur antérieur
- action achevée
- antériorité par rapport au temps simple correspondant

+

Plus-que-parfait
- condition
- atténuation

+

Futur antérieur
- hypothèse
- probabilité
- certitude

La situation d'énonciation et les niveaux de langue

FICHE 15

1 Situation d'énonciation

- C'est la situation dans laquelle est produit un énoncé.
- Un énoncé est le message produit par l'**énonciateur** (celui qui parle) pour le **destinataire** (celui qui reçoit l'information).

Méthode

Interpréter une situation d'énonciation

Qui parle ?	Où ?	Quand ?	De quoi ? Comment ?	Qui écoute ?
– indices concernant la personne : ils désignent l'énonciateur et le destinataire → *1re ou 2e personne*	– indices spatiaux → *« dans le bus », « ici », « là »*	– indices temporels → *« hier », « la veille »*	– le sujet de l'énoncé	– le destinataire de l'énoncé

2 Niveaux de langue

- Selon la situation de communication, on ne s'exprime pas de la même façon : on n'utilise pas le même **niveau** (ou **registre**) **de langue**.
- Il existe **3 niveaux de langue**.
- Le langage **familier** :

– ne respecte pas toujours la grammaire ;
– vocabulaire familier, relâché ;
– phrases courtes, mal construites ;
– utilisé avec les proches, à l'oral.

| Exemple : Hé mec, ça roule ?

- Le langage **courant** :

– respecte la grammaire ;
– vocabulaire correct ;
– phrases courtes, mais bien construites ;

– utilisé dans les relations de tous les jours.

| Exemple : Bonjour, ça va ?

- Le langage **soutenu** :

– respectueux de la grammaire ;
– vocabulaire recherché ;
– phrases complexes ;
– usage professionnel ou pour des occasions particulières.

| Exemple : Enchanté, comment allez-vous ?

Exercices

→ Corrigés page 79

1 Indique le niveau de langue de chaque groupe de mots.

a. Familier b. Courant c. Soutenu

1. Un bonbon ; ta chambre ; le lit. → ....
2. Un bonbec ; ta piaule ; le pieu. → ....
3. Une friandise ; vos appartements ; le couchage. → ....

2 Relie chaque phrase à la bonne situation d'énonciation.

1. Vous faites quoi ? On joue à cache-cache.	•	•	a. Météo.
2. La journée sera ensoleillée et agréable.	•	•	b. Une personne s'adresse à la police.
3. Recherche commercial(e), grand sérieux, bonne présentation, disponible rapidement.	•	•	c. Des enfants discutent entre eux.
4. Alors que je dormais, on a brisé la vitre. J'ai immédiatement composé le 17 pour vous alerter.	•	•	d. Offre d'emploi.

Les reprises nominales et pronominales

FICHE **16**

Pour éviter les répétitions, apporter de nouvelles informations sur un personnage, un lieu ou un évènement déjà cité dans le texte, on utilise la **reprise nominale** ou **pronominale**.

1 La reprise nominale

Elle peut s'appliquer à un nom, un groupe nominal, un verbe, une proposition ou une phrase, que l'on remplace ainsi :

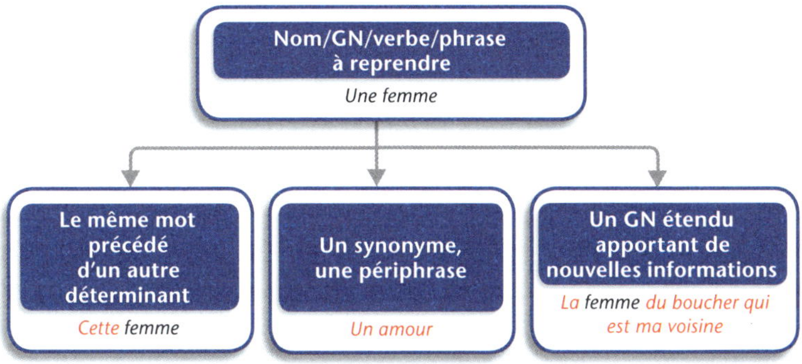

2 La reprise pronominale

Une reprise pronominale reprend un élément à l'aide d'un pronom, qui peut être :
- **personnel** : *L'homme sauve des enfants, puis les cache.*
- **démonstratif** : *Il a sauvé ces enfants ; ceux-ci sont maintenant heureux.*
- **relatif** : *L'homme sauve des enfants qu'il protège.*
- **indéfini** : *Ce récit vous paraît sans doute incroyable, mais tout est vrai.*

À retenir

Les locutions et pronoms démonstratifs « ce » « c' », « cela » et « ça » peuvent reprendre toute une phrase ou toute une proposition.
Ex. : Cet homme est un héros qui a protégé des enfants. Cela est admirable.

Exercices

→ Corrigés page 79

1 Dans ce texte :

a. Souligne les reprises nominales qui désignent l'enfant.
b. Entoure les reprises pronominales qui désignent l'enfant.

L'enfant avait froid et fin. Personne ne lui venait en aide. Il commençait à désespérer. Alors que les forces vives quittaient la frêle créature, une âme charitable s'approcha. C'était une grand-mère qui n'avait personne à aimer. Ce petit deviendrait son héritier.

2 Complète les phrases avec la bonne reprise :

a. qui b. celles-ci c. cette dernière d. la première
e. la seconde

1. Une reine avait deux filles .... n'étaient pas sages.

2. .... mentait et .... trichait tellement que la reine dut les punir.

3. .... décida de les séparer. .... ne pourraient se retrouver qu'une fois leurs défauts corrigés.

3 Coche la forme pronominale qui convient.

1. .... des deux voitures préfères-tu ?

a. ☐ Lequel b. ☐ Laquelle

2. Aller au cinéma, tu aimes .... ?

a. ☐ ça b. ☐ sa

3. Cette villa, aimeriez-vous .... visiter ?

a. ☐ l'a b. ☐ la

4. Paul a appelé, ... as-tu répondu ?

a. ☐ lui b. ☐ luit

Les paroles rapportées

FICHE 17

Dans un récit, on peut rapporter les paroles d'un personnage en utilisant quatre discours : **direct**, **indirect**, **indirect libre** et **narrativisé** (récit résumant des paroles échangées).

1 Discours direct

- Les paroles sont rapportées telles qu'elles ont été prononcées.
- On peut repérer le discours direct grâce à plusieurs caractéristiques :

– deux-points, guillemets, tirets ;
– utilisation de verbes de parole ;
– verbes faisant partie des paroles rapportées conjugués au passé composé, présent ou futur simple ;
– pronoms des 1re et 2e personnes.

> **Exemple :** Elle demande : « Est-ce que je dois t'obéir ? » Il hurle : « Ce sera moi le chef à partir d'aujourd'hui ! »

2 Discours indirect

- Au discours indirect, les paroles subissent des transformations pour s'intégrer dans le récit.
- On peut le repérer grâce aux indices suivants :

– pronoms de la 3e personne ;
– verbe de parole suivi d'une subordonnée complétive introduite par « que » ou par une interrogative indirecte.

> **Exemple :** Elle demande **si** elle doit lui obéir. Il hurle **que** ce sera lui le chef à partir d'aujourd'hui.

- Si le **verbe de parole** est **conjugué à un temps du passé**, alors les indices spatio-temporels changent et les verbes des paroles rapportées sont aux temps du passé correspondants :

– présent → imparfait/passé simple ;
– futur simple → conditionnel présent ;
– passé composé/passé simple → plus-que-parfait/passé antérieur.

> **Exemple :** Elle demande si elle doit lui obéir. Il hurle que ce sera lui le chef à partir **d'aujourd'hui**.
>
> → Elle demanda si elle devait lui obéir. Il hurla que ce serait lui le chef à partir **de ce jour-là**.

3 Discours indirect libre et discours narrativisé

• Le **discours indirect libre** mélange des **caractéristiques du discours direct et du discours indirect** :
- le verbe de parole disparaît;
- les temps et les pronoms personnels sont les mêmes que ceux du discours indirect.

| **Exemple :** Devait-elle lui obéir? C'était lui le chef à partir de ce jour-là!

• Le **discours narrativisé** ne fait que **résumer les paroles échangées.**

| **Exemple :** Il hurla pour défendre son autorité.

Exercices

→ Corrigés page 79

1 Relie chaque type de discours à la bonne définition.

1. Discours direct •
2. Discours indirect •
3. Discours indirect libre •
4. Discours narrativisé •

• a. Les paroles sont rapportées sans interrompre le récit.
• b. Les paroles sont racontées de manière imprécise.
• c. Les paroles sont fidèlement rapportées.
• d. Les paroles sont introduites par une subordonnée.

2 Relie chaque phrase au type de discours qui convient.

1. Il lui dit : « Viens avec moi. » •
2. Il affirma qu'elle devait le suivre. •
3. Il l'invita. •
4. Elle devait le suivre! •

• a. Discours indirect libre
• b. Discours indirect
• c. Discours direct
• d. Discours narrativisé

3 Coche la bonne réécriture au discours indirect de la phrase suivante : « Veux-tu venir avec moi ? », demanda-t-il. Souligne les indices qui t'ont permis d'éliminer les reformulations incorrectes.

1. ☐ Il lui demande si elle veut venir avec lui ?
2. ☐ Il lui demanda si elle veut venir avec lui.
3. ☐ Il lui demande si tu veux venir avec moi.
4. ☐ Il lui demanda si elle voulait venir avec lui.

Les connecteurs et les modalisateurs

FICHE 18

1 Connecteurs temporels

Les **connecteurs temporels** sont des mots qui permettent d'**organiser** le récit et d'**ordonner** les différentes parties de l'histoire.

Connecteurs temporels

- **Date des évènements** — *Ex. : le 18 juin, lundi prochain.*
- **Ordre des évènements** — *Ex. : d'abord, puis, enfin.*
- **Durée des évènements** — *Ex. : pendant l'été, tout l'hiver.*
- **Fréquence** — *Ex. : chaque matin, tous les mois.*

2 Connecteurs logiques

- Les **connecteurs logiques** sont des mots indiquant les **relations** établies entre les idées ou les précisant (*ex. : c'est-à-dire*).
- Il peut s'agir d'**adverbes**, de **conjonctions de subordination** ou de **coordination**, de **groupes prépositionnels**.

Connecteurs logiques

- **Opposition** — *Mais, cependant, néanmoins, pourtant*
- **Cause** — *Car, en raison de*
- **Conséquence** — *Donc, par conséquent, ainsi*
- **But** — *Afin que, dans le but de*
- **Addition** — *De plus, en outre, par ailleurs*
- **Concession** — *Certes, il est vrai que*

À retenir

Faire une **concession**, c'est accorder raison à l'autre, mais en partie seulement.

3 Modalisateurs

• Les **modalisateurs** sont des procédés qui montrent les **sentiments**, l'**opinion**, la **certitude** ou l'**incertitude de celui qui parle**.

• Les modalisateurs peuvent être :
– des **noms** et **adjectifs mélioratifs** (valorisants) ou **péjoratifs** (dévalorisants) : *remarquable, médiocre.*
– des **adverbes d'opinion** ou des **verbes de modalité** : *selon moi, il me semble.*
– des **adverbes/locutions** exprimant le **doute**, l'**incertitude** : *peut-être, vraiment.*
– des **verbes d'opinion** : *croire, penser.*

• On peut aussi utiliser les **temps** et **modes** suivants :
– conditionnel passé (**hypothèse**, **incertitude**) : *Vraisemblablement, il aurait été malade pendant cette évaluation.*
– conditionnel présent (**souhait**, **probabilité**, **condition**) : *Je préférerais une glace au chocolat.*
– impératif (**obligation**), futur (**certitude**, **possibilité**) : *C'est certain, il gagnera !*

Exercices

→ Corrigés page 79

1 Dans le texte suivant :

a. Souligne les modalisateurs.
b. Entoure les connecteurs logiques.

Puisque tu es présent, je pense que tu devrais participer. En effet, tu es un spécialiste alors que les autres ont des connaissances médiocres. C'est pourquoi j'ai totalement confiance en toi.

2 Indique le sens de chaque modalisateur.

a. Cause b. Conséquence c. Opposition d. Addition

1. De plus → ....
2. Bien que → ....
3. Si bien que → ....
4. Puisque → ....

Les statuts du narrateur, les points de vue

FICHE 19

1 Statut du narrateur

• Déterminer si le narrateur participe ou non à l'histoire qu'il raconte, c'est déterminer son statut.

• Un seul indice suffit : le **pronom personnel** utilisé pour raconter le récit.

a. Statut externe

• Si **le récit est raconté à la 3e personne**, alors le narrateur ne participe pas à l'histoire.

• On dit que le narrateur a un statut externe : *Le jour se lève, Audrey ouvre les yeux, elle entend son mari chanter.*

b. Statut interne

• Si **le récit est raconté à la 1re personne**, alors le narrateur participe à l'histoire.

• On dit que le narrateur a un statut interne : *Le jour se lève, j'ouvre les yeux, j'entends mon mari chanter.*

2 Point de vue narratif

Déterminer quels évènements sont connus et par qui ils le sont, c'est déterminer le point de vue du narrateur. Pour déterminer le point de vue utilisé, le lecteur doit rassembler plusieurs indices.

a. Point de vue externe

• Le narrateur est comme un **observateur** qui **ne participe pas aux faits racontés**.

• Le narrateur ne connaît ni les pensées ni les sentiments des personnages.

• Ce point de vue est comparable à une **voix off** dans un film.

b. Point de vue interne

• Le narrateur est dans la peau d'un personnage, **il assiste aux évènements à travers son regard**.

• Le narrateur ne connaît du récit que ce que le personnage sait lui-même.

- Le narrateur sait **ce que le personnage pense et ressent**.

c. Point de vue omniscient

- Le narrateur connaît tout des personnages (pensées, sentiments) mais aussi de leur histoire (passée, présente et parfois future).
- Sa **vision des personnages et de l'histoire** est **illimitée**.

Exercices

→ Corrigés page 79

1 Souligne tous les indices qui montrent que le point de vue du narrateur est interne.

Il était sans doute 23 heures. J'avais quitté le bal il y avait déjà une heure. Maintenant, un vent glacial gelait mes membres. Je distinguais mal la rue étroite tant la nuit était sombre. Une impression étrange m'oppressait. Quelqu'un pouvait me suivre.

2 Indique si ce qui est affirmé est vrai ou faux.

1. Un narrateur omniscient connaît le passé de son personnage.

a. ☐ vrai b. ☐ faux

2. Un narrateur interne ne participe pas à l'histoire qu'il raconte.

a. ☐ vrai b. ☐ faux

3. Un narrateur omniscient ne connaît pas les sentiments du personnage.

a. ☐ vrai b. ☐ faux

4. Un narrateur externe ne participe pas à l'histoire qu'il raconte.

a. ☐ vrai b. ☐ faux

Méthode : s'entraîner à la réécriture

FICHE **20**

1 Si tu dois changer de temps

- Tu dois récrire un texte au passé.
- Repère les termes à modifier :

– souligne les **verbes** et leurs **sujets** ;
– pense à la concordance des temps et aux **indices spatio-temporels**.

> Exemple : J'envie ceux qui iront dîner **ce soir** en amoureux, ils sont chanceux. Mathilde, je l'aimais… mais m'aimait-elle de son côté ?

- Vérifie l'accord des participes passés aux temps composés : repère le terme avec lequel le participe passé s'accorde.

> Exemple : J'enviais ceux qui iraient dîner **ce soir-là** en amoureux, ils étaient chanceux. Mathilde, je l'avais aimée… mais m'avait-elle aimé de son côté ?

2 Si tu dois changer de personne

- Tu dois remplacer le pronom de la 3e personne du singulier « il » par le pronom de la 3e personne du pluriel « elles ».
- Repère les termes à modifier :

– entoure les **groupes nominaux** et **adjectifs** qui se rapportent aux personnages ;
– souligne les **verbes** et les **pronoms personnels** ;
– pense aux **reprises nominales** et **pronominales**.

> Exemple : Il est heureux de ce travail. Il lui en faut peu pour bien vivre. Hier, il n'avait rien. Aujourd'hui, tout va bien. Cet homme offre un exemple de sagesse.

Attention

Ne transforme pas les tournures impersonnelles (« Il… faut ») et les termes ne se rapportant pas aux pronoms à remplacer (« ce travail », « un exemple »).

- Vérifie l'accord des adjectifs et des noms.

> Exemple : Elles sont heureuses de ce travail. Il leur en faut peu pour bien vivre. Hier, elles n'avaient rien. Aujourd'hui, tout va bien. Ces femmes offrent un exemple de sagesse.

3 Si tu dois changer de discours

- Tu dois récrire ce texte au discours indirect.

- Repère les termes à modifier :

– repère les paroles des personnages et entoure les **propositions** à transformer ;
– souligne les **sujets des verbes introducteurs** ;
– surligne les **verbes** et **pronoms** à modifier ;
– pense aux **indices spatio-temporels**.

Exemple : Il lui avoua : « **Je t'ai** menti. » Elle lui répondit : « **Je** ne **pense** pas pouvoir **te** pardonner, ni **aujourd'hui** ni **demain** ! »

- Modifie la syntaxe de la phrase :

– transforme les paroles des personnages en **propositions subordonnées conjonctives** ;
– transforme les **pronoms** et **verbes** des propositions encadrées.

Attention

Fais attention à la **concordance des temps** et à la **ponctuation** !

Exemple : Il lui avoua qu'**il lui avait** menti. Elle lui répondit qu'**elle** ne **pensait** pas pouvoir **lui** pardonner, ni **ce jour-là** ni **le lendemain**.

Le texte : énonciation et organisation

FICHE 21

MÉMO

THÈMES clés

Situation d'énonciation et niveaux de langue : fiche 15
Reprises nominales et pronominales : fiche 16
Paroles rapportées : fiche 17
Connecteurs et modalisateurs : fiche 18
Statuts et points de vue du narrateur : fiche 19
La réécriture : fiche 20

MOTS clés

Narrateur : personne qui raconte l'histoire en y participant (**statut interne**) ou non (**statut externe**).

Point de vue : manière de rapporter les diverses informations de l'histoire. Le point de vue peut être **omniscient**, **interne** ou **externe**.

Connecteurs : mots reliant des idées (**logiques**) ou organisant le temps et l'espace (**spatio-temporels**).

Modalisateurs : mots exprimant la **subjectivité** (expression du point de vue) du narrateur.

Paroles rapportées : énoncé, **discours** répété fidèlement (**direct**) ou non (**indirect**, **narrativisé**).

Énonciation : fait de produire un énoncé (message) oral ou écrit.

SCHÉMAS-BILANS

Les éléments de cohérence d'un texte

Récit

Discours direct, indirect, indirect libre, narrativisé	**Reprises nominales et pronominales** *Ex : notre héros, celui-ci, il.*
Connecteurs spatio-temporels *Ex. : alors, après, depuis.* **Connecteurs logiques** *Ex. : de plus, mais, et.*	**Modalisateurs** *Ex. : selon moi, certainement.* **Statut et point de vue du narrateur**

Les éléments de cohérence du récit

Récit
Histoire menée à la

\+

Schéma narratif
- Situation initiale
- Élément perturbateur
- Péripéties
- Dénouement
- Situation finale

1re personne
« je »

→ **Statut interne**
Le narrateur participe à l'histoire.

→ **Point de vue interne**
Le narrateur rapporte les faits via un des personnages et en sait donc autant que ce dernier.

3e personne
« il »

→ **Statut externe**
Le narrateur ne participe pas à l'histoire.

→ **Point de vue externe**
Le narrateur en sait moins que les personnages.

→ **Point de vue omniscient**
Le narrateur en sait autant que les personnages.

Mots composés et mots dérivés

1 La composition

• Un nom composé est formé de deux ou trois mots.

• Les noms composés peuvent être reliés par :
– un **trait d'union** : *un réveille-matin* (verbe + nom);
– une **préposition** : *une cuillère à café* (nom + nom).

• Ils peuvent aussi être :
– **juxtaposés** : *le gel douche.*
– **soudés** : *un portemanteau.*

• Un grand nombre de mots français ont une **origine latine** ou **grecque**.

Exemple : le terme « homicide » vient du latin *homicida*, qui est composé des mots *homo* (« homme ») et *caedere* (« tuer »).

Attention

Le nom s'accorde au pluriel si le sens le permet. **Verbes, adverbes** et **prépositions** sont **invariables**.

mot + mot = nom composé

2 La dérivation

• Un **nom dérivé** est formé à partir d'un **mot déjà existant** ou de son **radical** auquel on ajoute un **préfixe** (au début du nom) et un **suffixe** (à la fin du nom).

• Certains préfixes sont issus du **latin** : *ex-* (hors de), *in-* (négatif), *post-* (après), *pré-* (avant).

• D'autres préfixes sont issus du **grec** : *a/an-* (privatif), *anti-* (contre), *péri-* (autour).

• Le suffixe permet notamment de créer des **diminutifs** (*-on; -et/ette*) et des mots à **nuance péjorative** (*-ard; -âtre*).

Exemples : un chat → un chat*on*; une fille → une fill*ette*; un chauffeur → un chauff*ard*; gris → gris*âtre*.

Attention

La fin du préfixe peut changer en fonction de la première lettre du radical :
in- → *irrégulier*.

préfixe + radical + suffixe = mot dérivé

Méthode

Les principaux radicaux d'origine latine et grecque

Radicaux latins	Radicaux grecs
aqua- : l'eau	*eu-* : (bien)
bi- : deux	*phil-* : qui aime
équi- : égal	*hétéro-* : autre
poli- : terme en lien avec l'État (ex. : politique)	*homo-* : semblable
rect- : droit	*iso-* : égal
tri- : trois	*ortho-* : droit (ex. : orthodontie)
uni- : un seul	*phob-* : peur
-vore : qui mange	*poly-* : plusieurs

Exercices

→ Corrigés page 80

1 Entoure le radical de chaque terme.

1. cadette
2. renfermer
3. désodoriser
4. noirâtre
5. incorrigible

2 Barre le préfixe et souligne le suffixe quand il y en a un.

1. détenir
2. livraison
3. anéantir
4. raconter

3 Relie chaque mot français à son origine.

1. Vague •	• a. *Graphein*
2. Dynamique •	• b. *Vox*
3. Graphie •	• c. *Nascere*
4. Voix •	• d. *Vagus*
5. Naître •	• e. *Dunamis*

Les synonymes, antonymes, homonymes et paronymes

FICHE 23

1 Synonymes

Deux mots sont **synonymes** lorsqu'ils ont le **même sens ou presque** et qu'ils appartiennent à la même classe grammaticale.

| **Exemple :** la voiture, le véhicule, l'automobile.

2 Antonymes

Deux mots sont **antonymes** lorsqu'ils sont de **sens opposé** et qu'ils appartiennent à la même classe grammaticale.

| **Exemple :** le terrorisme ≠ l'antiterrorisme.

3 Homonymes

- Deux mots sont **homonymes** lorsqu'ils ont des **sens différents** mais qu'ils ont une **prononciation identique**, et ce, quelle que soit leur **orthographe**.
- Deux mots à l'orthographe identique sont **homographes**. S'ils se prononcent de la même manière, ils sont **homophones**.

| **Exemple :** la mer, la mère, le maire.

4 Paronymes

Deux mots sont **paronymes** lorsqu'ils **se prononcent presque de la même façon** et qu'ils ont une **orthographe quasi identique**.

| **Exemples :** l'intention et l'attention ; le désert et le dessert.

Remarque

Les termes **synonyme**, **antonyme**, **homonyme** et **paronyme** sont formés à partir de préfixes grecs : *syn-* (ensemble), *anti-* (contre), *homo-* (semblable), *paro-* (à côté de).

Synonymes ≠ antonymes	Homonymes	Paronymes
Gentil ≠ méchant *Régulier ≠ irrégulier*	*Cour* (d'école/royale) **Homographes/ Homophones** *Seau, sceau, sot, saut*	*Allusion/Illusion*
Sens opposés	Prononciation et orthographe ressemblantes ou identiques	Prononciation et orthographe proches

Exercices

→ Corrigés page 80

1 Dans la liste ci-dessous, trouve les paires de mots et inscris-les dans la bonne catégorie.

a. mort b. monter c. effraction d. volcanique
e. infaillible f. infraction g. voltaïque h. faillible
i. mord j. grimper

Synonymes	Antonymes	Homonymes	Paronymes

2 Trouve les homonymes cachés dans les phrases.

1. Il a une nouvelle .... de cheveux. La .... est pleine.
2. Elle met les fleurs dans un .... Il a les pieds dans la ....
3. Le .... de la fenêtre est cassé. Elle verse de l'eau dans un ....

3 Forme l'antonyme de chacun des termes suivants en t'aidant des préfixes.

a. *dé-* b. *im-* c. *in-* d. *il-*

1. légal → ....
2. fidèle → ....
3. monter → ....
4. probable → ....

Famille de mots, champ lexical et champ sémantique, polysémie

24

1 Famille de mots

Une **famille de mots** regroupe des termes dérivés qui ont le **même radical** (→ *voir fiche 22*) et qui renvoient à une même idée.

| Exemples : **fleur**, **fleur**ir, **fleur**issant, re**fleur**ir ; **flor**e, **flor**al, **flor**aison.

2 Champ lexical

Un **champ lexical** est constitué de **mots dérivés**, de **synonymes** ou encore de **mots liés** évoquant le même thème.

Champ lexical du tennis

- *Raquette, filet*
- *Tennisman, coup droit*
- *Jeu, set, match*

3 Polysémie et champ sémantique

• Souvent, un mot possède **différents sens** : on dit alors qu'il est **polysémique**.

| Exemple : des **bouchons** sur la route ; un **bouchon** de bouteille.

• Le **champ sémantique** d'un mot regroupe l'ensemble des **significations** qu'il peut avoir dans des contextes différents.

• Plus un mot est **polysémique**, plus son champ sémantique est étendu.

4 Sens propre et sens figuré

• Le sens d'un mot varie selon son **contexte d'utilisation** : il peut avoir un **sens propre** et un **sens figuré**.

• Le sens propre est le **sens premier d'un mot**, concret et objectif. Il contient les éléments nécessaires à sa compréhension.
La relation entre le mot et son sens ne contient aucun sous-entendu : on parle alors de **dénotation**.

| Exemple : Une linotte est un petit oiseau granivore.

• Le sens figuré est le **sens secondaire d'un mot**, imagé et subjectif. Il fait appel à notre sensibilité et à notre opinion, on parle alors de **connotation** (péjorative/négative ou méliorative/positive).

Exemples : un enfant → un mioche (connotation négative) ; un cheval → un destrier (connotation positive).

Exercices

→ Corrigés page 80

1 Classe les mots dans la bonne famille.

a. enjoué
b. dentaire
c. nuitée
d. joyeux
e. dentier
f. nuitamment
g. édenté
h. nocturne
i. jovial

Dent	Joie	Nuit

2 Indique si le mot souligné est utilisé au sens propre (a) ou figuré (b).

1. Ce mur est en béton solide. → ....
2. C'est un mur, il ne dira rien. → ....
3. Une girouette indique la direction du vent. → ....
4. Quelle girouette, tu ne tiens pas en place ! → ....

3 Trouve le mot polysémique caché grâce à son contexte d'utilisation.

1. J'ai reçu un .... ce matin très tôt.
2. J'ai dû mettre ma chambre en ....
3. Je me suis mis à l'................ dans le peloton.
4. Mon supérieur m'a annonçé l'................ du jour de la réunion.

BILAN

L'origine et la formation des mots

FICHE 25

MÉMO

THÈMES clés

Formation des mots : fiche 22

Ressemblances et différences entre les mots : fiche 23

Sens et regroupements de mots : fiche 24

MOTS clés

Dérivation : formation de mots à partir d'un radical auquel on ajoute un préfixe et un suffixe.

Composition : assemblage de deux ou trois mots pour en former un nouveau.

Synonymes : mots de même sens.

Antonymes : mots de sens contraire.

Homonymes : mots dont la prononciation et/ou l'orthographe est identique, mais dont le sens varie.

Famille de mots : ensemble de mots formés à partir d'un même radical.

Champ lexical : ensemble de mots renvoyant à un même thème.

Champ sémantique : ensemble des différents sens d'un même mot.

SCHÉMAS-BILANS

Comprendre la signification d'un mot

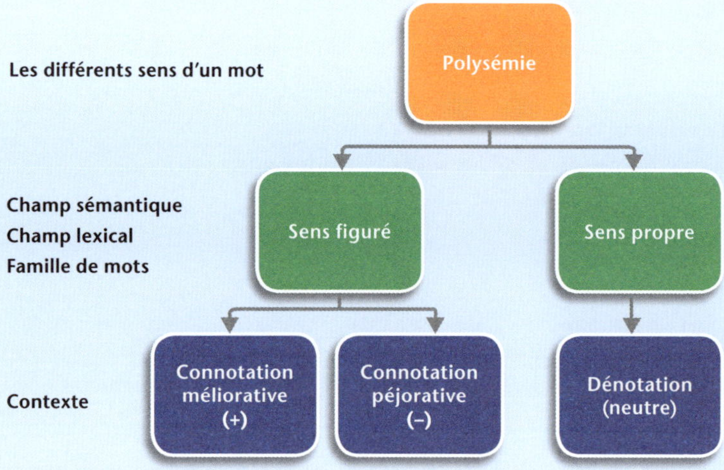

Analyser l'origine et la formation d'un mot

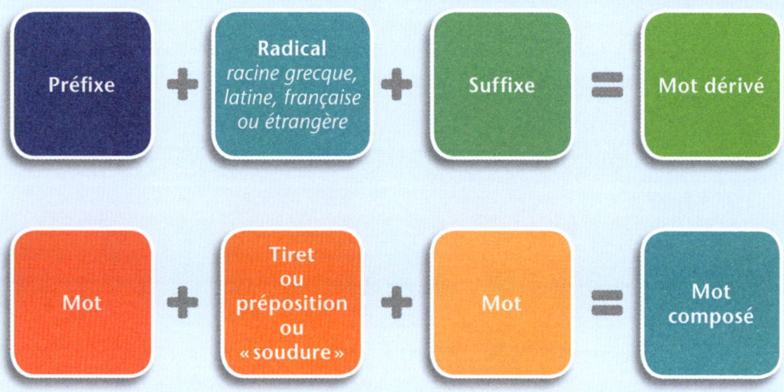

Le lyrisme, l'expression des sensations et des émotions

FICHE 26

1 Le lyrisme

a. Origines

Les poètes antiques jouaient de la lyre, mot dont dérivent l'adjectif lyrique et le nom lyrisme qui désigne un style expressif.

b. Visée

- L'auteur d'un texte lyrique cherche à partager des sentiments avec le lecteur et à créer un rapport d'intimité avec lui.
- La poésie lyrique est donc particulièrement appropriée pour **provoquer des émotions**, **des sentiments** et **des sensations**.

Le lyrisme

Émotion	+	Sentiment	+	Sensation
État provisoire *Ex. : étonnement, peur, énervement.*	+	État durable *Ex. : amour, malheur, haine.*	+	Perception d'un des cinq sens (ouïe, vue, toucher, odorat, goût) *Ex. : frisson, étouffement.*

2 Les procédés du lyrisme

On peut reconnaître un texte lyrique grâce à plusieurs indices :
- utilisation fréquente du pronom personnel « je » ;
- **ponctuation expressive** : exclamation, interrogation ;
- **interjections** (« Ah ! »), **apostrophes** (« Ô temps, suspends ton vol ! ») ;
- **variations de rythme** (césure) et de **sonorités** en poésie : allitérations, assonances, rimes ;
- utilisation de **champs lexicaux** spécifiques : amour, tristesse, nature, souvenir, temps qui passe ;
- **figures de style** (→ *voir fiche 33*) d'insistance (anaphore, hyperbole, gradation) et de ressemblance (métaphore, comparaison).

Exemple : Où est ce cœur vainqueur de toute adversité, [...] Et cette honnête flamme au peuple non commune ? (Joachim du Bellay, *Les Regrets*, 1558.)

À retenir

Un texte élégiaque (ou **élégie**) exprime la tendresse, la **tristesse**, la **douleur** et la mélancolie.

Méthode

Exprimer des sentiments

	Amour	Tristesse	Haine
Verbes	Être épris de, aimer, adorer	Regretter, chagriner, déplorer	Détester, abhorrer, avoir en horreur
Noms	Sympathie, attachement, admiration	Douleur, accablement, désespoir	Amertume, mépris, ressentiment
Adjectifs	Amoureux, passionné, ardent	Peiné, affligé, abattu	Méchant, mauvais, haineux

Exercices

→ Corrigés page 81

1 Classe les mots suivants dans le tableau selon l'émotion qu'ils expriment.

a. ahuri b. optimisme c. anxiété d. crainte e. stupéfaction f. assurance g. effarement h. souci i. confiant

Étonnement	Inquiétude	Espoir

2 Retrouve les paires d'antonymes.

1. Aversion •
2. Euphorie •
3. Angoisse •

• a. Sérénité
• b. Adoration
• c. Consternation

Le vocabulaire de la poésie

FICHE 27

1 Poème en vers

a. Vers

Un **vers** est une **phrase ou une proposition** isolée par un **retour à la ligne**. Il commence par une majuscule et est caractérisé par un **nombre fixe de syllabes**.

b. Décompte et prononciation

• Pour connaître le type de vers utilisé dans une poésie, il faut compter le nombre de ses syllabes : le **mètre**.

Les trois principaux mètres

Alexandrin	Décasyllabe	Octosyllabe
12 syllabes *Ex. : La lune était sereine et jouait sur les flots.*	10 syllabes *Ex. : Midi le juste y compose de feux.*	8 syllabes *Ex. : Je ne crains pas les coups du sort.*

• Pour mesurer la longueur d'un vers, il faut prendre en compte :

– le ***e* muet** (en fin de mot) : il **n'est jamais prononcé en fin de vers ou s'il est suivi d'une voyelle**.

| **Exemple :** « La lun(e) était serein(e) et jouait sur les flots. » (Victor Hugo, « Clair de lune », *Les Orientales,* 1829.)

– la **diérèse** : cette figure de style permet de **prononcer séparément deux voyelles successives**.

| **Exemple :** in-tu-i-tion (4 syllabes).

– la **synérèse** : elle permet de **prononcer en une seule syllabe deux voyelles successives** qui se prononcent habituellement de manière séparée.

| **Exemple :** in-tui-tion (3 syllabes).

c. Rime

La rime est la **répétition d'un même son à la fin de plusieurs vers ou de plusieurs phrases**.

| **Exemple :** « Là, tout n'est qu'ordre et beauté,
| Luxe, calme et volupté. »
| (Charles Baudelaire, « L'Invitation au voyage », *Les Fleurs du mal,* 1857.)

Méthode

Comment analyser les rimes

Disposition	Richesse	Genre
Rimes suivies ou plates (aabb) *heureux/chanceux/avare/rare*	**Rime pauvre** 1 son en commun *heureux/chanceux*	**Rime féminine** Le vers se termine par un *e* muet. *rivag(e)*
Rimes embrassées (abba) *mirage/lourd/cour/esclavage*	**Rime suffisante** 2 sons en commun *silence/vigilance*	**Rime masculine** Le vers se termine par un autre son que le *e* muet. *usé, cour*
Rimes croisées (abab) *lame/usée/flamme/passée*		

2 Poème en prose : le vers libre

• Le vers libre ne contient ni mètres ni rimes, mais uniquement le **retour des mêmes sonorités** :
– l'**assonance** (répétition d'un même son vocalique) : « *Je fais souvent ce rêve étrange et pénétrant* » (Paul Verlaine, « Mon rêve familier », *Poèmes saturniens*, 1866.) ;
– l'**allitération** (répétition d'une même consonne) : « *leurs cils noirs battant sous les silences* » (Arthur Rimbaud, « Les Chercheuses de poux », *Poésies*, 1871.).

Exercices

→ Corrigés page 81

1 Classe les mots en gradation croissante.

a. ahurissement b. étonnement c. surprise d. hébétude

....

2 Indique le mètre qui correspond à chaque vers.

a. Octosyllabe b. Décasyllabe c. Alexandrin

1. La mer, la mer, toujours recommencée ! → ....
2. Je ne sens rien des peurs du soir. → ....
3. De mes souliers blessés, un pied près de mon cœur ! → ....

FICHE 28

Le vocabulaire du théâtre

1 Le théâtre, un art vivant

a. L'écriture théâtrale

Une pièce de théâtre est écrite **pour être représentée** : les **didascalies** informent le lecteur sur le jeu des acteurs et la mise en scène.

b. L'énonciation théâtrale

- La **double énonciation** : les paroles sont destinées à la fois aux comédiens sur scène et au public.
- Le **dialogue** alterne **stichomythie** (composée de courtes répliques rapides), **tirade** (longue réplique), **monologue** (discours prononcé par un personnage seul ou qui croit l'être), **aparté** (réplique d'un personnage pour lui-même ou pour le public, à l'insu d'un autre personnage).

2 La structure d'une pièce

a. L'intrigue

- C'est l'**énonciation des évènements** qui vont se dérouler.
- L'intrigue implique un personnage principal, des adjuvants et des opposants selon un **schéma actanciel**.

À retenir

Le **quiproquo** (malentendu entre les personnages) ralentit l'action. Le **coup de théâtre** (rebondissement inattendu) la fait avancer ou la dénoue.

b. La structure

- Une pièce se divise en **actes** et en **scènes**.
- L'acte ou la scène d'exposition présente la **situation initiale** et le **caractère des protagonistes**.

Schéma narratif d'une pièce

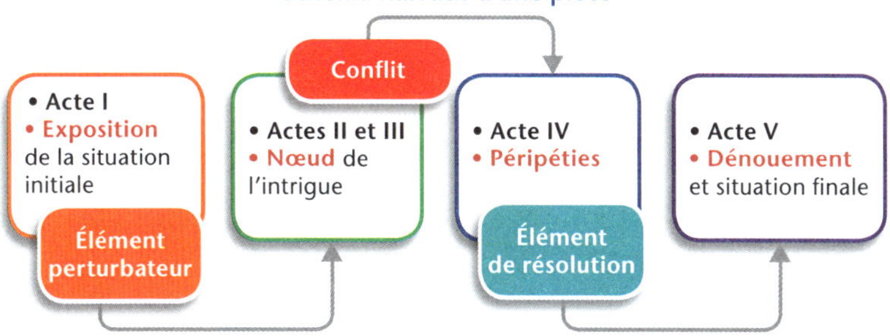

3 Les principaux genres théâtraux

• **Tragédie classique** (XVIIe siècle) :
– des **personnages nobles et héroïques** doivent faire face à la **fatalité**, qui entraîne généralement un dénouement malheureux ;
– genre théâtral codifié selon la **règle des 3 unités** : l'histoire se déroule en une seule journée (**temps**), un seul endroit (**lieu**) et suit une seule intrigue (**action**).

• **Comédie** (XVIIe-XVIIIe siècles) : mise en scène de la vie quotidienne de personnages de condition moyenne. Contrairement à la tragédie, le **dénouement** d'une pièce comique est toujours **heureux**.

• **Tragi-comédie :** genre intermédiaire. Elle met en scène des personnages nobles, à l'aide d'une intrigue complexe. Son dénouement est heureux.

• **Théâtre de l'absurde** (XXe siècle) : il conteste les notions de personnage, d'action et de genre, tout en soulignant l'absurdité du monde.

Exercices

→ Corrigés page 81

1 Complète les énoncés.

a. Le dialogue peut être constitué de répliques courtes et rapides : les ....

b. Une pièce à l'intrigue complexe, aux personnages nobles et au dénouement malheureux est une ....

2 Relie chaque terme à la bonne définition.

1. Double énonciation •	• a. Présentation de la situation initiale
2. Les trois unités •	• b. Paroles destinées aux comédiens et au public
3. Scène d'exposition •	• c. Lieu, temps, action

3 Classe les termes suivants dans l'ordre chronologique.

a. Elément perturbateur b. Dénouement c. Conflit
d. Péripéties e. Nœud f. Exposition g. Résolution

....

La nouvelle et le roman

FICHE 29

1 Les différences de composition

On différencie le roman et la nouvelle grâce à la façon dont est structuré le récit.

Méthode

Distinguer le roman de la nouvelle

Le roman	La nouvelle
Récit plutôt **long**	Récit **court**
Schéma narratif **complexe** mêlant **plusieurs intrigues**	Schéma **narratif** et **intrigue simple**, centrés autour d'un protagoniste
Nombreux personnages secondaires et péripéties	**Peu de personnages** et nombre limité de péripéties
Approfondit la psychologie des personnages et les détails de l'histoire	**Suggère** et n'explique pas tout
	Fin inattendue, la « chute », qui surprend le lecteur

2 Les thèmes communs

La **nouvelle** et le **roman** mettent en scène différents faits et personnages pour interroger le réel à travers des récits variés parmi lesquels le réalisme et le fantastique dominent.

a. Le récit réaliste

- Le récit réaliste se déroule dans un contexte le plus fidèle possible à la **réalité** : les **personnages** et les **évènements** sont **vraisemblables**.
- L'auteur donne un **nombre important de détails** afin de créer l'illusion du réel et d'aider le lecteur à se représenter l'histoire.
- Le récit réaliste permet de livrer un **témoignage sur la société**.

b. Le récit fantastique

- Le récit fantastique se déroule dans un contexte **inquiétant** (nuit, lieux isolés, bruits étranges, etc.).
- Pour créer une atmosphère propice au fantastique, l'auteur utilise l'**irruption du surnaturel** (fantômes, évènements inexplicables).
- Le récit fantastique induit un doute chez le lecteur, qui ne sait plus s'il faut donner une **explication logique** ou une **explication surnaturelle** aux évènements.

Exercices

→ Corrigés page 81

1 Souligne les mots qui permettent de créer une ambiance inquiétante.

C'est quelque chose qui tient à la fois de la boutique du ferrailleur, du magasin du tapissier, du laboratoire de l'alchimiste et de l'atelier du peintre ; dans ces antres mystérieux où les volets filtrent un prudent demi-jour, ce qu'il y a de plus notoirement ancien, c'est la poussière ; les toiles d'araignées y sont plus authentiques que les guipures [...].

Le Pied de momie, Théophile Gautier, 1840.

2 Relie chaque caractéristique au type de texte auquel elle correspond.

1. Récit réaliste •
2. Récit fantastique •

- • a. Statue qui prend vie
- • b. Paysans travaillant dans les champs
- • c. Maison isolée
- • d. Mise en scène de la société
- • e. Hésitation du lecteur sur l'interprétation des évènements

La visée du texte argumentatif

FICHE 30

1 Visées de l'argumentation

• Argumenter, c'est exposer sa thèse et la défendre à l'aide d'arguments.

• Un argument est une idée avancée pour défendre son opinion.

• Chaque argument est appuyé par une preuve, un exemple, une citation.

• Pour convaincre, on fait appel au raisonnement. Pour persuader, on éveille les sentiments.

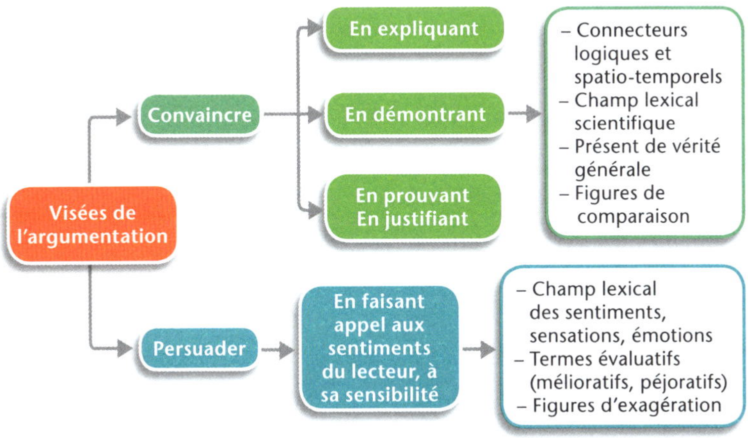

2 L'opinion du locuteur

• Un énoncé peut comporter des indices de la présence de l'énonciateur, que l'on nomme modalisateurs (→ *voir fiche 18*).

• Lorsque ces indices sont effacés, l'énoncé est dit neutre, ou objectif.

• Lorsqu'ils sont présents, l'énoncé est subjectif.

• Les pronoms permettent à l'énonciateur de prendre position personnellement (« nous », « je »), de généraliser (« on ») ou d'interpeller le destinataire (« vous »).

3 L'ironie

• L'ironie **dénonce un fait**, une **action** ou une **opinion** jugés inadmissibles par le locuteur, qui les tourne en ridicule.

• L'énonciateur, en utilisant l'ironie, fait passer un **message implicite** (sous-entendu, caché).

• Pour être efficace, l'ironie doit être **comprise au second degré par l'énonciateur et le destinataire**.

• Pour créer l'ironie, on peut utiliser plusieurs figures de style :
- l'**antiphrase** consiste à dire le contraire de ce que l'on pense en laissant deviner la vérité : *Bravo, c'est du joli de tricher !*
- le **paradoxe** consiste à présenter un jugement qui heurte, surprend, choque.

Exercices

→ Corrigés page 81

1 Coche les phrases dont l'énoncé est subjectif.

a. ☐ J'affirme qu'il a tort.
b. ☐ Comment t'appelles-tu ?
c. ☐ Ce que tu peux être égoïste, pense un peu aux autres !
d. ☐ Nous rentrons demain.
e. ☐ Il a sans doute menti.
f. ☐ Quelle classe !
g. ☐ Qui vient ?
h. ☐ Nous avons choisi un roi.

2 Indique la visée de chaque phrase.

a. Ridiculiser **b. Persuader** **c. Interpeller** **d. Convaincre**

1. Quelle belle expérience, cet échec ! → ....

2. Il faut les aider. Regarde comme ils souffrent, quel malheur !

→ ....

3. Ces malheureux pourraient être vos enfants ! → ....

4. La pomme tombe de l'arbre car la gravité affecte tous les objets.

→ ....

La presse et le traitement de l'information

FICHE 31

1 L'exactitude d'une information

Il est nécessaire de vérifier l'exactitude de chaque nouvelle information. Pour cela, on peut s'appuyer sur plusieurs critères.

Méthode

Faire la différence entre une bonne et une mauvaise information

Information fiable	Information peu fiable
Message fondé sur des faits vérifiés	Rumeurs
Informations recoupées par un journaliste (comparaison de différentes sources, jugées sûres)	Déclarations non vérifiées
Témoignages vérifiés, mis en contexte; chiffres certifiés par des organismes officiels, des experts reconnus	Citations sorties de leur contexte, communication non recoupée

2 Les types d'informations

a. La diffusion de l'information

Plusieurs médias et sources diffusent l'information :
- agences de presse;
- journaux et magazines imprimés;
- télévision et radio;
- sites Internet d'information (souvent en lien avec la presse écrite);
- réseaux sociaux.

Attention

Sur Internet, une **information fausse, obsolète** ou **invérifiable** peut circuler, propagée spontanément par les internautes. Il s'agit d'un **hoax**.

b. Les différents types d'articles

- **Brève :** 3 à 5 lignes d'**information brute.**
- **Filet :** paragraphe court, strictement informatif.
- **Article de synthèse :** rapporte un évènement en illustrant l'information principale à l'aide d'arguments, de citations et d'analyses.

• **Interview :** retranscription d'un échange entre le journaliste et la personne qu'il a interrogée.

• **Portrait :** article sur une personnalité que le journaliste souhaite présenter en profondeur.

• **Reportage :** texte narratif et descriptif sur un évènement dont le **reporter** a été **témoin**.

• **Enquête : texte(s) long(s) et à l'analyse approfondie**, résultat d'un travail de collecte et de comparaison d'informations.

Exercices

→ Corrigés page 81

1 Pour être fiable, une information doit être :

a. ☐ recoupée.
b. ☐ répandue.
c. ☐ vérifiée.
d. ☐ partagée.
e. ☐ obsolète.

2 Classe les étapes du traitement de l'information dans l'ordre chronologique.

a. L'alerte b. La rédaction c. Le fait d. La vérification
e. La publication

1. ....
2. ....
3. ....
4. ....
5. ....

Méthode : rédiger la suite d'un texte

FICHE 32

1 Avant de commencer

- Recopie le sujet lisiblement.
- Relis attentivement l'énoncé : repère la tâche à accomplir et les éléments qui doivent obligatoirement apparaître dans l'exercice.
- Surligne les mots-clés à l'aide de différentes couleurs.

« Vous rédigerez la suite du récit *Aux champs*, de Maupassant. Dix ans après, Jean et Charlot se rencontrent. Ils ont alors une conversation sur ce qui s'est passé et sur ce qu'est devenue leur vie ».

2 Analyse le sujet

- Essaie de trouver les éléments du récit auxquels le sujet renvoie.
- Retrouve les parties du cours auxquelles ces éléments sont liés.
- Dans un tableau, associe chaque mot-clé aux éléments nécessaires à la rédaction (en noir) et indique les outils de la langue appris en cours.

Mots-clés	Éléments de rédaction et outils de la langue
rédigerez	– Paragraphes (→ parties du **schéma narratif**) – Introduction des circonstances du récit, conversation et fin de la rencontre
suite	Respect de l'histoire d'origine (thème, personnages)
récit	Temps du passé et 3ᵉ personne (**narrateur** externe)
Dix ans après	Indiquer l'**ellipse** dès le début du texte grâce à un **connecteur temporel**
se rencontrent	– Où ? Quand ? À quelle occasion ? – Utiliser des **compléments de phrase** (lieu, temps, manière)
conversation	**Dialogue → discours direct** – 1re, 2e personne – ponctuation – verbes de parole
ce qui s'est passé	Retour en arrière (**analepse**) → recours au plus-que-parfait et au passé antérieur
leur vie	Description détaillée

3 Rédige ton brouillon

• Écris une **trentaine de lignes** en veillant à bien intégrer les éléments de la colonne de droite du tableau.

• Utilise un vocabulaire que tu maîtrises ou que tu as vérifié dans le dictionnaire.

• Construis des phrases courtes et logiques.

• Présente une idée principale, bien développée, par paragraphe.

• Vérifie la **cohérence de ton récit** par rapport à la consigne : surligne les éléments clés à faire apparaître.

> Les Tuvache n'avaient plus revu leur fils depuis ce jour-là. Une dizaine d'années s'étaient écoulées quand, par un matin pluvieux, dans les rues de Paris, **Jean d'Hubières, anciennement Vallin, crut reconnaître son ancien camarade de jeu.**
>
> « Dans quel état déplorable es-tu, mon pauvre !, s'écria-t-il. **La vie a été cruelle : pas de travail, un accident et me voilà mendiant**, murmura Charlot. »
>
> L'adoption avait joué un rôle irréversible dans la vie des deux garçons. Ne sachant que faire, Jeannot donna une pièce à **celui qui le regardait encore avec haine** et s'en alla.

4 Relis ton texte

Avant de mettre ton texte au propre, sois attentif :
– au sens du récit ;
– à l'expression et l'orthographe ;
– à la délimitation des paragraphes.

Méthode : reconnaître une figure de style

FICHE 33

1 Repère les termes de la figure

Les figures de style sont des **procédés d'écriture**, des **expressions imagées** qui permettent de rendre un texte plus expressif et apte à communiquer les **impressions de l'auteur**.

2 Retrouve l'ensemble de figures auquel le groupe de mots appartient

Quel est l'**effet de sens** produit par le groupe de mots repéré ?

La figure est utilisée pour…	Groupes de figures
rapprocher et mettre en valeur des points communs.	Ressemblance
désigner un élément de manière indirecte.	Remplacement
souligner une contradiction.	Opposition
mettre en relief un élément de la phrase.	Insistance

3 Nomme la figure

Pour nommer la figure, tu dois trouver les éléments qui la constituent.

Éléments de la figure	Nature de la figure
Outils de comparaison (*ex. : pareil, tel que, comme*) Aucun outil de comparaison Caractéristique humaine	Comparaison Métaphore Personnification/Allégorie
Liste de termes	Accumulation/Gradation
Terme répété en début de phrase ou de vers	Anaphore
Terme fort	Hyperbole
Antonymes Mots de sens contraire accolés Idées ou termes opposés Mots utilisés pour sous-entendre le contraire de ce que l'on dit	Oxymore Antithèse Antiphrase
Synonymes Plusieurs mots utilisés pour remplacer un terme Objet nommé par le nom d'un autre	Périphrase Métonymie

4. Mémorise les exemples suivants et entraîne-toi !

Ressemblance

Comparaison
Le violon frémit comme un cœur qui bat.

Métaphore
Le violon, c'est mon cœur.

Personnification
Le crépuscule s'endort dans la vallée.
(attribue une caractéristique humaine à ce qui n'est pas humain)

Allégorie
La justice est aveugle.
(personnification d'une idée, d'un sentiment)

Opposition

Antithèse
Ceux-là, c'est le jour et la nuit !

Oxymore
Cette obscure clarté […] des étoiles.

Antiphrase
C'est du joli, cette lâcheté !
(exprime une idée contraire, effet d'ironie)

Remplacement

Périphrase
L'astre du jour brille.
(= le soleil)

Métonymie
Boire un verre
(boire ce qu'il contient)

Insistance

Accumulation
Il y avait des tables, des chaises, des verres, tous renversés…

Anaphore
Paris, Paris outragé ! Paris brisé ! Paris martyrisé !

Gradation
C'est un roc !… c'est un pic !… c'est un cap !
(progression croissante ou décroissante des termes)

Hyperbole
Je meurs d'amour !
(exagération d'une idée)

Méthode : comprendre et analyser un texte

FICHE 34

1 Lis le texte dans son ensemble

Que vérifier ?	Quelles questions poser ?	Indices à repérer
Informations sur le texte	– Qui est l'auteur ? – Quel est le titre de l'œuvre dont le texte est extrait ? – Quelle est sa date de publication ?	– L'identité du narrateur : est-il différent de l'auteur ? – Titre de l'ouvrage et titre de chaque chapitre (attention à ne pas les confondre) – Cerner la période historique et le contexte de la publication
Nature	– De quoi s'agit-il ?	– Témoignage – Œuvre historique – Œuvre de fiction – Texte argumentatif – Document officiel ou public
Genre	– Comment le texte est-il organisé ?	– Répliques et didascalies (théâtre) – Connecteurs logiques (argumentation) – Description et narration (roman), morale (conte, fable) – Rimes et vers (poésie)

2 Relève les indices pertinents

Que vérifier ?	Quelles questions poser ?	Indices à repérer
Énonciation	– Quelles circonstances la situation d'énonciation établit-elle ?	– Qui ? – Quand ? – Quoi ? – Comment ? – Où ? – Pourquoi ?
Organisation	– Quelle est l'idée dominante dans chaque paragraphe ?	– Thème de réflexion – Discussion – Portrait
Structure	– Comment les idées/informations s'enchaînent-elles ?	– Ordre chronologique (respecté ou non) – Ordre logique – Dialogue
Procédés	– Quelles sont les tournures dominantes ?	– Champ lexical/sémantique – Figures de style – Sens propre/figuré

3 Cerne le but du texte

Que vérifier ?	Quelles questions poser ?	But du texte
Visée	– Quelle est l'intention de l'auteur ?	– Persuader – Convaincre – Émouvoir – Expliquer – Raconter
Impression	– Qu'est supposé ressentir le lecteur ?	– Tristesse, compassion – Engouement, joie – Indignation, colère

Exemple :

Je vous conjure par mes malheurs, par vos entrailles, et au nom de toute l'espèce humaine, de ne pas anéantir un ouvrage unique et de ne pas ôter à l'honneur de ma mémoire le seul monument sûr de mon caractère qui n'ait pas été défiguré par mes ennemis.

Les Confessions, J.-J. Rousseau, 1765.

Que vérifier ?	Quelles questions poser ?	Réponses
Informations sur le texte	– Qui est l'auteur ? – Quel est le titre de l'œuvre ? – Quelle est sa date de publication ?	→ Jean-Jacques Rousseau → *Les Confessions* → 1765
Nature	– De quoi s'agit-il ?	→ Texte autobiographique (utilisation de la 1re personne du singulier)
Genre	– Comment le texte est-il organisé ?	→ Texte argumentatif (adresse au lecteur et utilisation de connecteurs logiques)
Énonciation	– Quelles circonstances la situation d'énonciation établit-elle ?	→ Réfutation, polémique
Organisation	– Quelle est l'idée dominante dans chaque paragraphe ?	→ Défendre son œuvre, sa réputation
Structure	– Comment les idées/informations s'enchaînent-elles ?	→ Ordre logique, coordination et juxtaposition
Procédés	– Quels sont les tournures dominantes ?	→ Champ lexical des sentiments → Figures de l'exagération
Visée	– Quelle est l'intention de l'auteur ?	→ Émouvoir et persuader → Défendre sa réputation → Faire adhérer le lecteur à son point de vue
Impression	– Qu'est supposé ressentir le lecteur ?	→ Compassion → L'envie de soutenir Rousseau

Genres littéraires : caractéristiques

FICHE 35

MÉMO

THÈMES clés

Poésie : fiches 26 et 27
Théâtre : fiche 28
Nouvelle et roman : fiche 29
Texte argumentatif : fiche 30
Presse : fiche 31
Rédiger la suite d'un texte : fiche 32
Reconnaître une figure de style : fiche 33
Comprendre et analyser un texte : fiche 34

MOTS clés

Récit : histoire réelle ou inventée (conte, roman, nouvelle, épopée, etc.).
Lyrisme : expression d'émotions et de sentiments personnels.
Implicite : se dit d'un message dont le sens est sous-entendu, mais que le destinataire peut percevoir.
Ironie : procédé que l'on utilise pour dénoncer quelque chose, critiquer, se moquer.
Subjectivité : expression du point de vue du locuteur dans un énoncé.

SCHÉMAS-BILANS

Principaux genres littéraires

Narratif

- Réel ou fictif
- **Schéma narratif**
- **Système temporel du passé**
- Alterne récit, description et dialogues

Poétique

- Mots, sens, rythme, sonorités
- Règles de versification, vers libres ou **prose**
- Expression des sentiments **(lyrisme)**
- Expression d'un engagement

Théâtral

- Écrit pour être **représenté**
- **Actes et scènes,** répliques, didascalies
- **Double énonciation**
- **Registres** variés : comique, tragique, dramatique

Argumentatif

- Défendre une **thèse**
- **Persuader, convaincre**
- **Présence marquée du locuteur** et de l'interlocuteur
- Interrogations rhétoriques, **liens logiques**

Corrigés

Partie 1 : La phrase et ses constituants

FICHE 1

❶ a. il – b. illumine – c. prairie – d. le – e. dans – f. dernière – g. Oh.
❷ 1. b – 2. a – 3. a – 4. a.

FICHE 2

❶ b – c – e – h.
❷ 1. c – 2. d – 3. b – 4. a.

FICHE 3

❶ 1. b – 2. a – 3. c – 4. d.
❷ 1. a – 2. b – 3. a – 4. b.

FICHE 4

❶ Mots à rayer : 1. hier – 2. de chez moi – 3. doucement – 4. par terre.
❷ 1. b – 2. a – 3. c – 4. b.

FICHE 5

❶ 1. a – 2. b ; par les vagues – 3. a – 4. b ; de ses admirateurs.
❷ 1. [Voici que] Jean s'approche et [qu']il parle.
2. Il y a longtemps déjà.
3. Faut-il que vous soyez si lointains ?
4. [C'est] la distance [qui] gêne notre correspondance.

FICHE 6

❶ 1. e ; f – 2. d – 3. d.
❷ 1. b – 2. c – 3. a – 4. a.

FICHE 7

❶ 1. c ; [où] – 2. b ; [que] – 3. c ; [s'] – 4. a ; [puisqu'].
❷ 1. a – Nous ne savions pas [pourquoi] il criait.
2. a – Nous pensions [qu']il était vexé.
3. b – Son visage, [qui] était rouge, suait.
4. b – Il faisait des reproches [dont] nous ne comprenions pas le motif.

Partie 2 : Le verbe : temps, modes et valeurs

FICHE 9

1. a. Nierez; poserez.
b. Contactera; suivront.
c. Les verbes sont conjugués au futur.
2. 1. a; e – 2. b; g – 3. d; f – 4. c; h.

FICHE 10

1. a; d; e; g.
2. 1. Elle **a crié** sa colère.
2. Tu **avais douté** de lui.
3. Nous **eûmes** rapidement **compris** le piège.
4. Vous **aurez signé** un contrat dans la semaine.

FICHE 11

1. 1. b – 2. a – 3. b – 4. a.

FICHE 12

1. **Verbes à entourer :** trouve; saches; fasse; tiennes; sois.
2. 1. c – 2. a – 3. d – 4. b.

FICHE 13

1. 1. b – 2. a – 3. b – 4. a.
2. 1. b – 2. a – 3. d – 4. c.
3. 1. a – 2. b – 3. a. – 4. a.

Partie 3 : Le texte : énonciation et organisation

FICHE 15

❶ 1. b – 2. a – 3. c.
❷ 1. c – 2. a – 3. d – 4. b.

FICHE 16

❶ 1. a. La frêle créature ; ce petit.
b. Lui ; il.
❷ 1. Une reine avait deux filles **qui** n'étaient pas sages.
2. **La première** mentait et **la seconde** trichait tellement que la reine dut les punir.
3. **Cette dernière** décida de les séparer. **Celles-ci** ne pourraient se retrouver qu'une fois leurs défauts corrigés.
❸ 1. b – 2. a – 3. b. – 4. a.

FICHE 17

❶ 1. c – 2. d – 3. a – 4. b.
❷ 1. c – 2. b – 3. d – 4. a.
❸ Il faut cocher la phrase n° 4.
1. Il lui demande si elle veut venir avec lui ?
2. Il lui demanda si elle veut venir avec lui.
3. Il lui demande si tu veux venir avec moi.

FICHE 18

❶ 1. a. Pense ; spécialiste ; médiocres ; totalement ; confiance.
b. Puisque ; en effet ; alors que ; c'est pourquoi.
❷ 1. d – 2. c – 3. b – 4. a.

FICHE 19

❶ 1. **Termes à souligner :** J'avais quitté ; mes membres ; je distinguais mal ; impression ; m'oppressait ; me suivre.
❷ 1. a – 2. b – 3. b – 4. a.

Corrigés

Corrigés

Partie 4 : L'origine et la formation des mots

FICHE 22

❶ 1. [cadet]te – 2. ren[ferm]er – 3. dés[odor]iser – 4. [noir]âtre – 5. in[corr]igible.

❷ 1. ~~dé~~tenir – 2. livr<u>aison</u> – 3. ~~a~~néanti<u>r</u> – 4. ~~ra~~cont<u>er</u>.

❸ 1. d – 2. e – 3. a – 4. b – 5. c.

FICHE 23

❶

Synonymes	Antonymes	Homonymes	Paronymes
Monter – Grimper	Faillible – Infaillible	Mort – Mord	Effraction – Infraction
			Volcanique – Voltaïque

❷ 1. Il a une nouvelle **coupe** de cheveux. La **coupe** est pleine.
2. Elle met les fleurs dans un **vase**. Il a les pieds dans la **vase**.
3. Le **verre** de la fenêtre est cassé. Elle verse de l'eau dans un **verre**.

❸ 1. d ; **il**légal – 2. c ; **in**fidèle – 3. a ; **dé**monter – 4. b ; **im**probable.

FICHE 24

❶

Dent	Joie	Nuit
dentaire	enjoué	nuitée
dentier	joyeux	nuitamment
édenté	jovial	nocturne

❷ 1. a – 2. b – 3. a – 4. b.

❸ Le terme à trouver est « ordre ».

Partie 5 : Genres littéraires : caractéristiques

FICHE 26

1

Étonnement	Inquiétude	Espoir
ahuri	anxiété	optimisme
stupéfaction	crainte	assurance
effarement	souci	confiant

2 1. b – 2. c – 3. a.

FICHE 27

1 surprise < étonnement < ahurissement < hébétude.
2 1. b – 2. a – 3. c.

FICHE 28

1 a. Le dialogue peut être constitué de répliques courtes et rapides : les **stichomythies**.
b. Une pièce à l'intrigue complexe, aux personnages nobles et au dénouement malheureux est une **tragédie**.
2 1. b – 2. c – 3. a.
3 Exposition → élément perturbateur → nœud → conflit → péripéties → résolution → dénouement.

FICHE 29

1 Alchimiste ; antres mystérieux ; demi-jour ; poussière ; toiles d'araignées.
2 1. b ; d – 2. a ; c ; e.

FICHE 30

1 a ; c ; e ; f.
2 1. a – 2. b – 3. c – 4. d.

FICHE 31

1 a ; c.
2 Le fait → L'alerte → La vérification → La rédaction → La publication.

Maths

Nombres et calculs

Organisation et gestion de données

Grandeurs et mesures

Espace et géométrie

Algorithmique et programmation

Nombres relatifs : généralités

FICHE 1

1 Définition

Un nombre **relatif** est formé d'un nombre, appelé **distance à zéro**, précédé du signe « + » ou « – ».

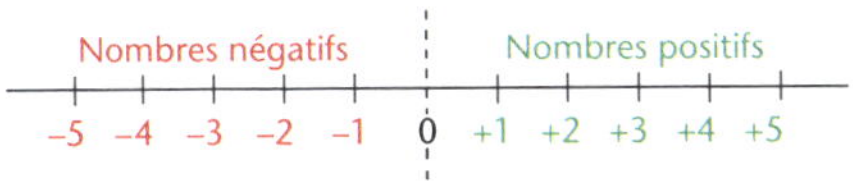

Exemple : +3 s'écrit 3 et sa distance à zéro est 3.

À retenir
Lorsque le nombre relatif est positif, on enlève le signe « + ».

À savoir
0 est le seul nombre qui soit **à la fois positif et négatif.**

2 Additions et soustractions

a. L'opposé d'un relatif

Un nombre et son opposé ont la **même distance à zéro** mais un **signe différent**.

Exemples :
L'opposé de –3,5 est 3,5.
L'opposé de 7 est –7.

À savoir
0 est le seul nombre qui soit **égal à son opposé.**

b. Somme de deux relatifs

- Pour additionner deux nombres de **même signe** : on garde le signe commun, et on calcule la somme des distances à zéro.

Exemple : B = (–3) + (–5) = –(3 + 5) = –8.

- Pour additionner deux nombres de **signes différents** : on choisit le signe du nombre qui a la plus grande distance à zéro, et on calcule la différence des distances à zéro.

Exemple : C = (–3) + (+7) = +(7 – 3) = +4 = 4.

c. Soustraction de deux relatifs

Soustraire, c'est ajouter l'opposé.

Exemple 1 :
A = (–5) – (–6) → Tu dois soustraire –6.
= (–5) + (+6) → Tu ajoutes donc l'opposé de –6 qui est +6.
= +(6 – 5) → Tu additionnes deux relatifs de signes différents.
= +1 = 1.

À savoir
L'astuce consiste à transformer ta soustraction en une addition !

Exemple 2 :

B = (–8) – (+1) → Tu dois soustraire +1.
= (–8) + (–1) → Tu ajoutes donc l'opposé de +1 qui est –1.
= –(8 + 1) → Tu additionnes deux relatifs de même signe.
= –9.

Méthode

L'opposé d'un nombre

Pour obtenir l'**opposé d'un nombre**, il suffit de changer le signe.
→ le signe « + » ou « absence de signe » devient « – ».
→ le signe « – » devient « + » ou « absence de signe ».

Exercices

→ Corrigés page 149

1 Effectue les calculs.

1. A = (–5) + (–3,5) = ...
2. B = (+3,2) + (+8,2) = ...
3. C = (–5,2) – (–4,2) = ...

2 Donne les valeurs de A, B et C sachant que, dans cette pyramide, le nombre contenu dans une case est la somme des nombres contenus dans les cases du dessous.

		C		
	A		B	
–5		–8		+11

A = ...

B = ...

C = ...

Nombres relatifs : multiplication et division

FICHE 2

1 Multiplication de nombres relatifs

a. Cas de deux facteurs

• Si les deux nombres ont le **même signe**, alors **leur produit est positif**.

Exemple :

A = (–5) × (–8)
= +(5 × 8)
= +40.

> **À retenir**
> Le carré d'un nombre relatif est toujours positif.

• Si les deux nombres ont des **signes contraires**, alors **leur produit est négatif**.

Exemple :

B = (–5) × (+8)
= –(5 × 8)
= –40.

> **À retenir**
> • + × + = +
> • – × – = +
> • + × – = – × + = –

b. Plus de deux facteurs

• On procède de la même manière que pour le cas à deux facteurs.

• On s'occupe d'abord du signe :
– il est **positif** si le nombre de facteurs négatifs est **pair** ;
– il est **négatif** si le nombre de facteurs négatifs est **impair**.

• On effectue ensuite **le produit des distances à zéro**.

Exemple :

A = (–5) × 8 × (–1)
= –(5 × 8 × 1) = –40.

→ Il y a 3 facteurs négatifs, le produit est donc négatif.

> **Conseil**
> Utilise le calcul mental pour gagner du temps lorsque tu calcules un produit !

Méthode

Multiplier des nombres relatifs

Pour obtenir le produit de deux nombres relatifs, il faut :
– multiplier les distances à zéro ;
– appliquer la règle des signes.

2 Division de nombres relatifs

Attention

- Tu ne peux pas diviser par 0 !

À retenir

- + / + = − / − = +
- + / − = − / + = −

- Le quotient de deux nombres relatifs a pour distance à zéro **le quotient des distances à zéro** de ces deux nombres.
- S'ils ont le **même signe**, alors **leur quotient est positif**.
- Si les deux nombres ont des **signes contraires**, alors **leur quotient est négatif**.

Méthode — Diviser des nombres relatifs

Pour obtenir le quotient de deux nombres relatifs, il faut :
– déterminer le signe du quotient ;
– calculer le quotient des nombres sans le signe.

Ex. : $\frac{-3}{-5} = \frac{3}{5} = 0{,}6$ → car –3 et –5 ont le même signe.

$\frac{8}{-10} = -\frac{8}{10} = -0{,}8$ → car 8 et –10 sont de signes différents.

Exercices

→ Corrigés page 149

1 Calcule les produits des nombres relatifs.

1. A = (–3) × (–5) = ...
2. B = –3 × 5 = ...
3. C = 3 × (–5) = ...
4. D = 3 × 5 = ...

2 Calcule les quotients des nombres relatifs.

1. $E = \frac{5}{-2} =$ ....

2. $F = \frac{-10}{-5} =$ ....

3. $G = \frac{17}{-1} =$ ....

3. $H = \frac{-121}{-11} =$ ....

FICHE 3

Nombre relatifs : priorités opératoires

1 Enchaînement d'opérations

a. Additions et soustractions

- Il faut transformer les soustractions en additions, car soustraire c'est ajouter l'opposé.
- Les calculs s'effectuent **de gauche à droite**.

Exemple :

$A = (-5) - (-8) + (+3) - (-2) = (-5) + (+8) + (+3) + (+2)$
$= +(8 - 5) + (+3) + (+2) = (+3) + (+3) + (+2)$
$= +(3 + 3) + (+2) = (+6) + (+2)$
$= +(6 + 2) = +8 = 8.$

- On peut aussi utiliser l'**écriture simplifiée**. Cela permet de gagner du temps et de limiter le nombre de lignes de calcul !
- Pour cela, il suffit de **supprimer les parenthèses** et de **ne plus indiquer le signe** de chaque nombre relatif.

Exemple :

$A = (-5) + (+8) + (+3) + (+2)$
$= -5 + 8 + 3 + 2$
$= 3 + 3 + 2 = 8.$

b. Multiplications

Pour effectuer une multiplication, il faut d'abord trouver le signe du produit en utilisant la **règle des signes** (→ *voir fiche 2*), puis calculer le **produit des nombres sans signes de gauche à droite**.

Exemple :

$B = (-3) \times (+5) \times (-2) \times (-1)$
$= -(3 \times 5 \times 2 \times 1)$
$= -15 \times 2 \times 1$
$= -30 \times 1$
$= -30.$

À retenir

Pour calculer plus vite ce type de produit, on peut intervertir l'ordre des facteurs pour effectuer des regroupements astucieux !

2 Priorités opératoires

a. Cas sans parenthèses

Propriété : dans un enchaînement d'opérations, **les multiplications et les divisions** sont **prioritaires sur les additions et les soustractions**.

Exemples :

$A = 5 - 3 \times 2 = 5 - 6 = -1$.

$B = 8 \times 2 - 2 \times 3 = 16 - 2 \times 3 = 16 - 6 = 10$.

b. Cas avec parenthèses

- On doit commencer par les calculs à l'intérieur des parenthèses.

À retenir

S'il y a plusieurs niveaux de parenthèses, il faut commencer par celle qui est le plus à l'intérieur !

Exemple :

$$\begin{aligned} C &= (-3 + 2) \times (-1) + 1 \\ &= (-1) \times -1 + 1 \\ &= 1 + 1 \\ &= 2. \end{aligned}$$

- Si l'on doit calculer un **quotient**, il faudra d'abord déterminer le numérateur (nombre du dessus), puis le dénominateur (nombre du dessous).

Exercices

→ Corrigés page 149

1 Effectue les calculs en utilisant l'écriture simplifiée.

1. $A = (+3) - (+8) - (-9) + (+1) =$ ....
2. $B = -5 + 3 - 10 =$ ....
3. $C = (-3) \times (-8) \times (-10) =$ ....

2 Trouve les valeurs des nombres relatifs suivants.

1. $D = 17 - 7 \times 5 =$ ....
2. $E = (17 - 7) \times 5 =$ ....
3. $F = (5 - 3) \times (15 - 8) =$ ....
4. $G = (3 + (1 + 2 \times 3)) + 2 =$ ....

3 $\dfrac{3 + 5 \times 2}{2 \times 3 + 3}$ **vaut :**

a. $\dfrac{10}{9}$ b. $\dfrac{16}{12}$ c. $\dfrac{13}{9}$ d. $\dfrac{13}{12}$

Fractions : simplification et comparaison

FICHE 4

1 Définitions

- Le quotient d'un nombre a par un nombre b non nul s'écrit sous la forme $\frac{a}{b}$.
- Il s'agit de l'**écriture fractionnaire**, où a est le **numérateur** et b le **dénominateur**.
- Si a et b sont des **nombres entiers relatifs** (avec b non nul), alors $\frac{a}{b}$ est une **fraction**.

Exemple :
$\frac{4}{5}$ est une fraction, alors que $\frac{0,4}{5}$ est une écriture fractionnaire.
En effet, 0,4 est un nombre décimal.

- **Propriété :** si a et b sont des **nombres entiers relatifs** (avec b non nul), alors : $\frac{a}{b} \times b = a$.

2 Simplifier une fraction : la règle des quotients égaux

On ne change pas le quotient d'une fraction si l'on multiplie ou divise le numérateur et le dénominateur par un même nombre non nul.

À retenir

$\frac{a}{b} = \frac{a \times k}{b \times k}$ et $\frac{a}{b} = \frac{a \div k}{b \div k}$

Exemple :
$\frac{-10}{55} = \frac{-2 \times 5}{11 \times 5} = \frac{-2}{11}$ → on a simplifié la fraction.

3 Comparer des fractions

a. Fractions de même dénominateur

Si deux fractions ont un dénominateur positif, elles sont **rangées dans le même ordre que leurs numérateurs**.

Exemple :
Les deux fractions $\frac{-5}{17}$ et $\frac{-8}{17}$ ont le même dénominateur.
On sait que $-8 < -5$, donc :
$\frac{-8}{17} < \frac{-5}{17}$.

b. Fractions de dénominateurs différents

Pour comparer deux fractions ayant un dénominateur différent, il faut d'abord les mettre sous un **même dénominateur**, puis appliquer le cas précédent.

Exemple :

Les fractions $\frac{2}{3}$ et $\frac{5}{7}$ ont un dénominateur différent.

On cherche un multiple commun à 3 et 7 → 21.

On a alors $\frac{2}{3} = \frac{2 \times 7}{3 \times 7} = \frac{14}{21}$ et $\frac{5}{7} = \frac{5 \times 3}{7 \times 3} = \frac{15}{21}$.

Étant donné que $14 < 15$, on a $\frac{2}{3} < \frac{5}{7}$.

Méthode

Mise sous un même dénominateur

1. On repère les dénominateurs des deux fractions.
2. On cherche un multiple commun aux deux dénominateurs.
3. On applique la règle des quotients égaux.

Exercices

→ Corrigés page 150

1 Simplifie les fractions.

1. $\frac{15}{45} =$ ……

2. $\frac{121}{22} =$ ……

2 Compare les fractions $\frac{17}{125}$ et $\frac{35}{125}$.

……

3 Compare les fractions $\frac{11}{9}$ et $\frac{7}{5}$.

……

Fractions : addition et soustraction

FICHE 5

1 Fractions de même dénominateur

• **Propriété :** pour additionner (ou soustraire) des fractions ayant un même dénominateur, **on additionne (ou soustrait) les numérateurs en gardant le dénominateur commun**.

• **Formule :** pour tous nombres a, b et c avec $c \neq 0$: $\frac{a}{c} + \frac{b}{c} = \frac{a+b}{c}$.

Exemples :

$A = \frac{5}{3} + \frac{8}{3}$

→ Les fractions ont le même dénominateur : on a donc $A = \frac{5+8}{3} = \frac{13}{3}$.

$B = \frac{9}{7} - \frac{5}{7}$

→ Les fractions ont le même dénominateur : on a donc $B = \frac{9-5}{7} = \frac{4}{7}$.

2 Fractions de dénominateurs différents

Propriété : pour additionner (ou soustraire) des fractions ayant un dénominateur différent, on procède d'abord à la **mise sous un même dénominateur**, puis on applique la méthode précédente.

À retenir

Pour tous nombres réels a, b, k avec $b \neq 0$ et $k \neq 0$:
$\frac{a}{b} = \frac{a \times k}{b \times k}$.

Exemple :

$C = \frac{3}{5} - \frac{2}{7}$

→ Les fractions ont un dénominateur différent.

→ On cherche un dénominateur commun : un nombre non nul multiple de 5 et de 7, c'est-à-dire un nombre non nul dans la table de 5 et de 7.

→ 35 est un candidat possible, d'où :

$C = \frac{3 \times 7}{5 \times 7} - \frac{2 \times 5}{7 \times 5} = \frac{21}{35} - \frac{10}{35} = \frac{11}{35}$.

Remarque

Pour trouver un dénominateur commun, il faut se souvenir de ses tables de multiplication !
On pourra parfois être amené à diviser le numérateur et le dénominateur :
$\frac{5}{15} + \frac{1}{3} = \frac{1}{3} + \frac{1}{3} = \frac{2}{3}$.

3 Avec un nombre entier

Si l'on doit **additionner ou soustraire des nombres entiers avec une fraction**, il faudra d'abord se rappeler la formule suivante : $a = \frac{a}{1}$.

Remarque

Il faut toujours vérifier si l'on peut simplifier la fraction obtenue.

Exemple :

$D = 3 - \frac{2}{7} = \frac{3}{1} - \frac{2}{7}$.

On cherche un dénominateur commun à 1 et à 7 : on peut choisir 7.

→ $D = \frac{3 \times 7}{1 \times 7} - \frac{2}{7} = \frac{21}{7} - \frac{2}{7} = \frac{21 - 2}{7} = \frac{19}{7}$.

Exercices

→ Corrigés page 150

1 Effectue les opérations.

1. $A = \frac{2}{3} + \frac{4}{3} =$ ....

2. $B = \frac{8}{3} - \frac{15}{3} =$ ....

2 Effectue les calculs.

1. $C = 1 + \frac{5}{11} =$ ....

2. $D = \frac{5}{3} - 5 =$ ....

3. $E = 1 + \frac{1}{2} + \frac{1}{3} =$ ....

Fractions : multiplication et division

FICHE 6

1 Multiplication

a. De deux fractions

• **Propriété :** pour calculer le produit de deux fractions, on multiplie les numérateurs et les dénominateurs entre eux.

• **Formule :** pour tous nombres a, b, c, d avec $b \neq 0$ et $d \neq 0$: $\frac{a}{b} \times \frac{c}{d} = \frac{a \times c}{b \times d}$.

Exemples :

$A = \frac{7}{4} \times \frac{6}{5} = \frac{7 \times 6}{4 \times 5} = \frac{42}{20}$.

→ On peut simplifier la fraction en la divisant par 2. On obtient alors $A = \frac{21}{10}$.

$B = \frac{-5}{7} \times \frac{6}{-10} = \frac{-5 \times 6}{7 \times (-10)} = \frac{-30}{-70}$.

→ En utilisant la règle des signes, on obtient $B = \frac{30}{70}$.

→ En simplifiant par 10, on obtient $B = \frac{3}{7}$.

À retenir

Il faut toujours donner des **résultats simplifiés** au maximum et se rappeler la **règle des signes**.

b. D'un nombre et d'une fraction

Formule : pour tous nombres a, b, k avec $b \neq 0$: $k \times \frac{a}{b} = \frac{k \times a}{b}$.

2 Division

Diviser, c'est **multiplier par l'inverse**.

a. L'inverse

• L'inverse d'un nombre x non nul est $\frac{1}{x}$.

• En effet, $x \times \frac{1}{x} = \frac{x}{x} = 1$.

Exemple :

$5 \times \frac{1}{5} = \frac{5}{5} = 1$.

L'inverse de 5 est donc $\frac{1}{5}$.

b. L'inverse d'une fraction

Pour tous nombres a et b avec $a \neq 0$ et $b \neq 0$, l'inverse de $\frac{a}{b}$ est $\frac{b}{a}$.

En effet, $\frac{a}{b} \times \frac{b}{a} = \frac{a \times b}{b \times a} = 1$.

Exemple :
$\frac{3}{2} \times \frac{2}{3} = \frac{3 \times 2}{2 \times 3} = \frac{6}{6} = 1.$
L'inverse de $\frac{3}{2}$ est donc $\frac{2}{3}$.

c. La division d'une fraction

Formule : pour tous nombres a, b, c, d avec $b \neq 0$, $c \neq 0$ et $d \neq 0$:

$\frac{a}{b} \div \frac{c}{d} = \frac{a \times d}{b \times c}$ ou encore $\frac{\frac{a}{b}}{\frac{c}{d}} = \frac{a \times d}{b \times c}$.

Exemple : $A = \frac{3}{4} \div \frac{5}{6} = \frac{3 \times 6}{4 \times 5} = \frac{18}{20}$.
En effet, on divise $\frac{3}{4}$ par $\frac{5}{6}$. Il faut donc multiplier $\frac{3}{4}$ par l'inverse de $\frac{5}{6}$.
Puis on simplifie : $A = \frac{9}{10}$.

3 Enchaînement d'opérations

Les règles de priorité opératoire sont les mêmes que pour les nombres relatifs (→ *voir fiche 3*).

Exemple : $A = \frac{4}{5} - \frac{4}{5} \times \frac{7}{6}$
Il faut commencer par le produit → $A = \frac{4}{5} - \frac{4 \times 7}{5 \times 6} = \frac{4}{5} - \frac{28}{30}$.
On simplifie → $A = \frac{4}{5} - \frac{14}{15}$.
On met les fractions sur le même dénominateur → $A = \frac{12}{15} - \frac{14}{15} = -\frac{2}{15}$.

Exercices

→ Corrigés page 150

1 Effectue la multiplication.

$A = \frac{3}{4} \times \frac{16}{15} =$ ....

3 Calcule l'inverse des fractions.

1. $C = \frac{9}{11} =$ ....

2. $D = \frac{5}{-6} =$ ....

2 Effectue l'opération.

$B = \frac{\frac{3 \times 8}{6}}{\frac{3}{4}} =$ ....

FICHE 7

Puissances de *a* et de 10

1 Puissance d'un nombre relatif

a. Exposant positif ou nul

- Soit a un nombre relatif non nul et n un entier supérieur ou égal à 2.

$$a^n = \underbrace{a \times a \times \ldots \times a}_{n \text{ facteurs égaux à } a}$$

- Convention : $a^1 = a$ et $a^0 = 1$.

Exemple : $5^3 = 5 \times 5 \times 5 = 125$.

À savoir

a^n se lit « a puissance n » ou « a exposant n ».

b. Exposant négatif

Soit n un entier supérieur ou égal à 1.

$$a^{-n} = \frac{1}{a^n} = \frac{1}{\underbrace{a \times a \times \ldots \times a}_{n \text{ facteurs égaux à } a}}$$

À savoir

a^{-n} est l'inverse de a^n.

Exemple : $2^{-3} = \frac{1}{2^3} = \frac{1}{2 \times 2 \times 2} = \frac{1}{8}$.

c. Enchaînement d'opérations

S'il n'y a aucune parenthèse dans l'opération, il faut commencer par le calcul de puissances.

Exemple : $3 + 2 \times 5^2 = 3 + 2 \times 25 = 3 + 50 = 53$.

2 Puissances de 10

a. Généralités avec *n* entier naturel

- 10^n est le produit de n facteurs égaux à 10. Il s'écrit à l'aide du **chiffre 1 suivi de *n* zéros**.

- Par convention, $10^0 = 1$.

Exemple : $10^3 = 1\,000$ = le chiffre 1 suivi de 3 zéros.

- Soit 10^{-n} l'inverse de 10^n, $10^{-n} = \frac{1}{10^n}$.

Il s'écrit à l'aide du **chiffre 1 précédé de *n* zéros**, avec la virgule placée après le premier zéro.

Exemple : $10^{-2} = \frac{1}{10^2} = 0{,}01$ = le chiffre 1 précédé de 2 zéros.

b. Préfixes usuels et puissances de 10

Le système international d'unités utilise des **préfixes** qui simplifient l'utilisation des puissances de 10.

Téra	Giga	Méga	Kilo	Hecto	Déca	Déci	Centi	Milli	Micro	Nano	Pico
10^{12}	10^{9}	10^{6}	10^{3}	10^{2}	10^{1}	10^{-1}	10^{-2}	10^{-3}	10^{-6}	10^{-9}	10^{-12}

Exemple : Un disque dur d'un téraoctet contient 10^{12} octets.

c. Opérations

Soit *n* et *p* deux entiers relatifs :

$$10^{n} \times 10^{p} = 10^{n+p} \qquad \frac{10^{n}}{10^{p}} = 10^{n-p}$$

Exemple :
$10^{3} \times 10^{-5} = 10^{3-5} = 10^{-2} = 0,01$.

Méthode — **Puissance d'un nombre négatif**

Pour calculer la puissance d'un nombre négatif, il faut :
- déterminer la **parité de l'exposant** : s'il est pair, le nombre sera positif. S'il est impair, il sera négatif ;
- calculer la **puissance du nombre sans signe**.

Ex. : $(-4)^{3} = -4^{3}$ *(car l'exposant 3 est impair)* $= -64$.
$(-2)^{4} = 2^{4}$ *(car l'exposant 4 est pair)* $= 16$.

Exercice

→ Corrigés page 151

1 Sachant que $F = (-5)^{5}$, $G = (-1)^{6}$ et $H = (-10)^{10}$, indique si ce qui est affirmé est vrai ou faux.

1. Le nombre F est positif. a. ☐ vrai b. ☐ faux
2. Le nombre G est positif. a. ☐ vrai b. ☐ faux
3. Le nombre H est positif. a. ☐ vrai b. ☐ faux

Écriture scientifique d'un nombre

FICHE **8**

1 Multiplication par une puissance de 10

- Soit n un entier naturel non nul.

Multiplier par 10^n, c'est décaler la virgule de n rangs vers la droite et compléter par des zéros si nécessaire. S'il n'y a pas de virgule, on ajoute n zéros à droite.

Exemples :

$5 \times 10^2 = 500$.

$0,25 \times 10^3 = 250$.

- Soit n un entier naturel non nul.

Multiplier par 10^{-n}, c'est décaler la virgule de n rangs vers la gauche et compléter par des zéros si nécessaire. S'il n'y a pas de virgule, on en ajoute une à droite du nombre avant d'effectuer le décalage.

Exemples :

$25 \times 10^{-2} = 25, \times 10^{-2} = 0,25$.

$0,2 \times 10^{-1} = 0,02$.

2 Écriture scientifique et écriture décimale

a. L'écriture scientifique

L'écriture scientifique d'un nombre est l'écriture de celui-ci sous la forme $a \times 10^n$, où a s'écrit avec un seul chiffre non nul avant la virgule et n est un nombre entier relatif.

À retenir

Le nombre a est appelé **mantisse** du nombre. Il doit toujours être compris entre 1 et 10.

Exemples :

$2,01 \times 10^1$ est l'écriture scientifique de 20,1.

$0,145 \times 10^{-3}$ n'est pas une écriture scientifique, car le nombre n'est pas compris entre 1 et 10.

$9,001 \times 10^{-3}$ est l'écriture scientifique de 0,009001.

b. De l'écriture décimale à l'écriture scientifique

- Pour passer de l'écriture décimale à l'écriture scientifique d'un grand nombre, il faut :

– séparer le premier chiffre du nombre et les autres chiffres par une virgule : 2018 → 2,018 ;

– compter le nombre de chiffres composant le nombre, puis enlever 1 : 4 – 1 = 3 → l'exposant de la puissance de 10 est 3 ;
– l'écriture scientifique de 2018 est donc $2{,}018 \times 10^3$.

• Pour passer de l'écriture décimale à l'écriture scientifique d'un petit nombre, il faut :
– séparer le premier chiffre non nul du nombre des autres chiffres par une virgule : 0,002013 → 2,013 ;
– compter le nombre de zéros avant le chiffre non nul : ici, il y en a 3 → l'exposant de la puissance de 10 est 3 ;
– l'écriture scientifique de 0,002013 est donc $2{,}013 \times 10^{-3}$.

Exercices

→ Corrigés page 151

1 Coche les écritures scientifiques.

a. ☐ $A = 1 \times 10^5$

b. ☐ $B = 12$

c. ☐ $C = 0{,}15 \times 10^{-1}$

d. ☐ $D = 2 \times 10^2 \times 10 \times -4$

e. ☐ $E = 9{,}001 \times 10^5$

2 Indique les écritures scientifiques des nombres suivants.

1. F = 150,220 13

....

2. G = 0,001 502 2

....

3. H = 0,709 197 1

....

4. I = 27 011 974

....

FICHE 9

Calcul littéral : généralités

1 Expression littérale

Pour établir des liens entre différentes grandeurs, traduire des situations ou utiliser des formules, on utilise des lettres pour représenter les inconnues. Cela nous permet d'obtenir des **expressions littérales**.

Remarque

Pour obtenir une expression littérale, si l'énoncé ne nous impose rien, on préfèrera, par habitude, choisir **x pour la première inconnue** et **y pour la seconde**.

Exemple 1 : L'indice de masse corporelle permet d'estimer la corpulence d'une personne. Il est donné par la formule : IMC $= \frac{m}{t^2}$. Les inconnues sont ici m pour la masse et t pour la taille.

Exemple 2 : Noa est intéressé par des figurines à 10 € l'unité. Quelle formule doit-on utiliser pour calculer le prix d'une figurine en fonction du nombre de figurines achetées ?

On désigne par x le nombre de figurines que Noa désire acheter, puis on traduit l'énoncé. Le prix sera donc $10x$.

Remarque

On utilisera toujours les écritures simplifiées pour les multiplications. Ainsi, 10 fois y se notera $10y$. De même, 1 fois y se notera y.

2 Calcul d'une valeur à partir d'une expression littérale

Pour calculer la **valeur d'une expression littérale** pour certaines valeurs des inconnues, il suffit de :

- remplacer les inconnues par leurs valeurs ;
- faire apparaître les signes de multiplication (×) qui ont été simplifiés ;
- respecter les priorités opératoires.

Attention

Il faut veiller à choisir la forme qui nécessite le moins de calculs !

Exemple 1 : Calcul de l'indice de masse corporelle d'une personne pesant 60 kg et mesurant 1,6 m.

On rappelle que : IMC $= \frac{m}{t^2}$ avec m masse en kg et t taille en m.

On remplace m par 60, puis t par 1,6.

On a : IMC $= \frac{60}{1{,}6^2} = \frac{60}{2{,}56} = 23{,}4375$.

Exemple 2 : Soit $A = 3x^2 - 2x + 5$. Calcule A pour $x = -1$ puis pour $x = 5$.

- Pour $x = -1$: on remplace x par -1 en ajoutant les symboles de multiplication et des parenthèses.

On a alors : $A = 3 \times (-1)^2 - 2 \times (-1) + 5$

$A = 3 \times 1 - 2 \times -1 + 5 = 3 + 2 + 5 = 5 + 5 = 10$.

• Pour $x = 5$: on remplace x par 5 en ajoutant les symboles de multiplication.

On a alors : $A = 3 \times 5^2 - 2 \times 5 + 5$

$A = 3 \times 25 - 2 \times 5 + 5 = 75 - 10 + 5 = 65 + 5 = 70.$

Exercices

→ Corrigés page 151

1 On donne l'expression littérale suivante $A = 3xy - 2$.

1. Calcule A si $x = 0$ et $y = -15$.

....

2. Calcule A si $x = 2$ et $y = -3$.

....

2 On donne l'expression littérale suivante : $B = x^2 - 4x + 5$. Indique si les affirmations ci-dessous sont vraies ou fausses.

1. B prend la valeur 0 pour $x = 1$. a. ☐ vrai b. ☐ faux
2. B vaut 5 pour $x = 0$. a. ☐ vrai b. ☐ faux
3. B vaut 2 pour $x = 3$. a. ☐ vrai b. ☐ faux

3 Soit $C = -x^2 + x + 1$.

1. Calcule C pour $x = 0$.

....

....

2. Calcule C pour $x = -2$.

....

....

Calcul littéral : développement et réduction

FICHE 10

1 Développement

Développer, c'est transformer un produit en une somme.
Pour cela, on peut utiliser les formules de distributivité.

- Formule de distributivité simple

Pour tous nombres a, b et k : $k(a + b) = ka + kb$ et $k(a - b) = ka - kb$.

- Formule de distributivité double

Pour tous nombres a, b, c et d : $(a + b)(c + d) = ac + ad + bc + bd$.

Exemples :
$3(x + 2) = 3x + 3 \times 2 = 3x + 6$.
$5(2 - x) = 5 \times 2 - 5x = 10 - 5x$.
$(x + 2)(y + z) = xy + xz + 2y + 2z$.

À retenir
Chaque flèche symbolise une multiplication.

2 Réduire et simplifier une expression

Simplifier une expression, c'est l'exprimer d'une manière plus simple.

a. Suppression de parenthèses sans multiplication

- L'opposé d'une somme algébrique vaut la somme des opposés de chacun de ses termes.

- Pour réduire une addition :
– on enlève les parenthèses ;
– on regroupe les x avec les x et les nombres avec les nombres.

Exemple :
$A = 15 + (x - 3)$.
$A = 15 - 3 + x$.
$A = 12 + x$.

- Pour réduire une soustraction :
– on enlève les parenthèses et le signe « – » devant celles-ci ;
– on transforme les signes à l'intérieur de l'opération.

Exemple :
$B = 15 - (x - 3) = 15 - x + 3$
$= 15 + 3 - x = 18 - x$.

b. Suppression de parenthèses avec multiplication

- Pour simplifier l'écriture des multiplications, on **réduit** aussi les expressions en regroupant les termes entre eux.

- Pour cela, il faut :
  - supprimer les parenthèses en utilisant la **distributivité simple ou double** ;
  - effectuer le maximum de produits possible ;
  - regrouper les termes entre eux : les x avec les x, les y avec les y.

Exemple 1 :

$5 \times a + 30 + 2 \times a = 5a + 30 + 2a = 5a + 2a + 30 = 7a + 30.$

Il n'y a pas de parenthèses, on regroupe les a avec les a et les nombres avec les nombres.

Exemple 2 :

$(a + 5)(a + 1) = a \times a + a \times 1 + 5 \times a + 5 \times 1 = a^2 + a + 5a + 5 = a^2 + 6a + 5.$

Il y a des parenthèses, on applique donc la double distributivité, puis on regroupe les a avec les a.

Exemple 3 :

$(x^2 - 5)(x + 2) = x^2 \times x + x^2 \times 2 + (-5) \times x + (-5) \times 2 = x^3 + 2x^2 - 5x - 10.$

Il y a des parenthèses, on applique donc la double distributivité, puis on simplifie.

Exercices

→ Corrigés page 151

1 La forme développée et réduite de A = $-3(x + 5)$ est :

a. ☐ $-3x + 15$. b. ☐ $-3x - 15$.

c. ☐ $-3x + 2$. d. ☐ $-3x - 2$.

2 La forme développée et réduite de B = $5(1 - x)$ est :

a. ☐ $5 - x$. b. ☐ $5 + x$. c. ☐ $5 - 5x$.

3 Développe et réduis les expressions.

1. ☐ $A = x - (3x + 5)$ ....
2. ☐ $B = (x + 5)(2x + 3)$ ....
3. ☐ $C = (2x + 1)(x - 2)$ ....

Calcul littéral : factorisation

FICHE **11**

1 Généralités

• **Factoriser**, c'est transformer une somme ou une différence en un produit. Pour cela, on peut utiliser les formules de distributivité.

• Formule de **distributivité simple**

Pour tous nombres a, b et k : $k(a + b) = ka + kb$ et $k(a - b) = ka - kb$.

• Formule de **distributivité double**

Pour tous nombres a, b, c et d : $(a + b)(c + d) = ac + ad + bc + bd$.

Exemples :

$4x + 8x = x(4 + 8) = x \times 12 = 12x$.

$5y - 7y = y(5 - 7) = y \times (-2) = -2y$.

$xy + x \times 2 + 3 \times y + 6 = xy + x \times 2 + 3 \times y + 3 \times 2 = (x + 3)(y + 2)$.

2 Factorisation

Pour **factoriser une expression**, il faut :
- relire l'expression et repérer les **facteurs communs** ;
- utiliser la formule de **distributivité simple** ;
- appliquer la formule de **double distributivité**, si l'on ne trouve pas de facteurs communs.

Conseil

Les facteurs communs peuvent être cachés, il faudra te souvenir de tes tables de multiplication !

Exemple 1 :

Factorisation de $A = 33 - 11x$

On sait que 33 et 11 sont dans la table de 11 → on peut donc factoriser par 11.

On a alors : $A = 11 \times 3 - 11x = 11(3 - x)$.

Exemple 2 :

Factorisation de $B = 3a^2 + 7a$

On sait que a est un facteur commun → on peut donc factoriser par a.

On a alors : $B = a(3a + 7)$.

Exemple 3 :

Factorisation de $C = (x + 3)^2 - 3(x + 3)(x + 2)$.

On sait que $(x + 3)$ est un facteur commun → on peut donc factoriser par $(x + 3)$.

On a alors : $C = (x + 3)^2 - 3(x + 3)(x + 2)$
$= (x + 3)[(x + 3) - 3(x + 2)]$
$= (x + 3)(x + 3 - 3x - 6) = (x + 3)(-2x - 3)$.

Exercices

→ Corrigés page 152

❶ Factorise les expressions.

1. ☐ $A = 8x - 64$ ....
2. ☐ $B = 85x^2 - 2x$ ....
3. ☐ $C = 3x - x^2$ ....

❷ Coche la forme factorisée de $D = (2x - 5) - (x + 3)(2x - 5)$.

a. ☐ $-(x + 3)$

b. ☐ $(2x - 5)(-x - 2)$

c. ☐ $(2x - 5)(x + 4)$

❸ Factorise l'expression $E = (2x - 5)(x + 1) - (2x - 5)^2$.

....

❹ Les expressions suivantes sont-elles factorisées ?

1. $A = 3(x + 3) + x$

a. ☐ oui b. ☐ non

2. $B = x^2 - 4^2$

a. ☐ oui b. ☐ non

3. $C = (x + 3)(x - 5)$

a. ☐ oui b. ☐ non

Calcul littéral : utilisations

FICHE 12

1 Simplifier une expression

Pour répondre à une question à prise d'initiatives, il peut être utile d'utiliser une forme factorisée ou une forme développée réduite.

Exemple 1 :

Calcule les valeurs prises par A pour $x = 0$, $x = -1$ et $x = 5$ avec $A = (x + 1)(x + 5) - (x + 5)$.

On peut développer et réduire l'expression pour aller plus vite dans les calculs. Ainsi, $A = x^2 + 5x + x + 5 - x - 5 = x^2 + 5x$.

→ Pour $x = 0$, on obtient $A = 0^2 + 5 \times 0 = 0$.

→ Pour $x = -1$, on obtient $A = (-1)^2 + 5 \times (-1) = 1 - 5 = -4$.

→ Pour $x = 5$, on obtient $A = 5^2 + 5 \times 5 = 25 + 25 = 50$.

Conseil

Il faut savoir parfois perdre un peu de temps pour en gagner après !

Exemple 2 :

Pour calculer mentalement $B = 107 \times 23 - 7 \times 23$:

– on sait que 23 est un facteur commun ;

– on factorise par 23.

D'où $B = 23 \times (107 - 7) = 23 \times 100 = 2\ 300$.

2 Utiliser un programme de calcul

- Le calcul littéral permet aussi de faciliter la traduction d'un programme de calcul.
- Pour cela, il faut :

– donner un nom ou attribuer une lettre au nombre auquel tu penses ;

– traduire chacune des étapes en utilisant des expressions littérales ;

– développer et réduire l'expression ;

– calculer en remplaçant la lettre par les valeurs de l'énoncé.

Exemple : Voici un programme de calcul. Traduire celui-ci à l'aide d'une expression littérale. En déduire la valeur finale si on pense à –1, puis à 2.

1. Je pense à un nombre.
2. Je lui soustrais 10.
3. J'élève le tout au carré.
4. Je soustrais au résultat le nombre auquel j'ai pensé.

1. On choisit x pour représenter le nombre auquel on pense.
2. On soustrait 10. On a donc $x - 10$.
3. On calcule en élevant au carré :
   $(x - 10)^2 = (x - 10)(x - 10)$.
   $x^2 - 2 \times 10x + 100 = x^2 - 20x + 100$.
4. On soustrait au résultat le nombre auquel on a pensé :
   $x^2 - 20x + 100 - x = x^2 - 21x + 100$.

On remplace x par -1 : $(-1)^2 - 21 \times (-1) + 100 = 1 + 21 + 100 = 122$.
On remplace x par 2 : $2^2 - 21 \times 2 + 100 = 4 - 42 + 100 = -38 + 100 = 62$.

Exercices

→ Corrigés page 152

1 Coche la traduction littérale du programme de calcul ci-dessous.

1. Je pense à un nombre.
2. Je le multiplie par 3.
3. J'ajoute 5 au résultat.
4. Je multiplie le résultat par –2.

a. ☐ $3x - 10$

b. ☐ $6x - 1$

c. ☐ $-6x + 10$

d. ☐ $-6x - 10$

2 $(x + 1)(x - 1) - x^2$ ne dépend pas de x.

a. ☐ vrai   b. ☐ faux

FICHE 13

Équations

1 Généralités

- Une équation est une égalité entre deux expressions littérales contenant une ou des inconnues. S'il n'y a qu'une seule inconnue, on parlera d'équation à une inconnue.

Exemple : $5x - 2 = 1$ est une équation à une inconnue x.

- Résoudre une équation à une inconnue, c'est trouver toutes les valeurs pour lesquelles l'égalité est vérifiée.

Exemple : $3x - 1 = 2$ est une équation d'inconnue x.
2 n'est pas une solution → $3 \times 2 - 1 = 6 - 1 = 5$ → $5 \neq 2$.
1 est une solution → $3 \times 1 - 1 = 3 - 1 = 2$.

2 Résolution d'équations

a. Équation du type $ax = b$

- Si $a = 0$ et $b \neq 0$, alors l'équation n'admet pas de solutions.
- Si $a = 0$ et $b = 0$, alors l'équation admet une infinité de solutions.
- Si $a \neq 0$, alors l'équation admet pour solution $\frac{b}{a}$.

b. Équation du type $x + a = b$

La solution de l'équation est $x = b - a$.

À retenir

Pour **supprimer le coefficient devant *x***, on divise les deux membres de l'équation par x. On obtient alors les mêmes solutions.

À retenir

Si l'on additionne ou soustrait le même nombre aux deux membres, on obtient une équation qui a les mêmes solutions.

Méthode

Résoudre une équation du premier degré

- Pour résoudre ce type d'équation, il faut :
  - **développer** les produits s'il y en a ;
  - **regrouper** les termes en x d'un côté et le reste des termes de l'autre côté ;
  - **effectuer les calculs** pour se ramener à une équation du type $ax = b$;
  - **résoudre** l'équation obtenue.

Exemple 1 : résolution de $3x + 4 = 5x - 3$.

1. On regroupe les termes en x à gauche et les nombres à droite :
$3x - 5x = -3 - 4$.

2. On effectue les calculs : $-2x = -7$.

3. On résout l'équation : $-2 \neq 0$, donc $x = \frac{-7}{-2} = \frac{7}{2}$.

La solution est donc $\frac{7}{2}$.

Exemple 2 : résolution de $2(x + 1) = 3$.

1. On développe le produit : $2x + 2 = 3$.

2. On regroupe les termes : $2x = 3 - 2$.

3. On effectue le calcul : $2x = 1$.

4. On résout l'équation : $x = \frac{1}{2}$.

La solution est donc $\frac{1}{2}$.

Exercices

→ Corrigés page 152

1 Résous les équations.

1. ☐ $3x + 5 = 0$

....

2. ☐ $2 - x = 5$

....

3. ☐ $5 + x = 7 + x$

....

2 Résous l'équation $2x + 3 = 5(x - 5)$.

....

....

3 Le nombre –3 est une solution de l'équation $5x - 8 = 2x + 1$.

a. ☐ vrai   b. ☐ faux

Nombres et calculs

FICHE 14

MÉMO

THÈMES clés

Calculs avec les relatifs : fiches 1, 2 et 3

Calculs fractionnaires : fiches 4, 5 et 6

Puissances : fiche 7

Écriture scientifique : fiche 8

Équations du premier degré : fiches 9, 10, 11, 12, 13

MOTS clés

Règle des signes : le produit de deux relatifs de même signe est positif, tandis que le produit de deux relatifs de signes différents est négatif.

Écriture scientifique : $a \times 10^n$. a s'écrit avec un seul chiffre non nul avant la virgule et n un entier relatif.

Distributivité : formule permettant de passer d'un produit de sommes à une somme de produits et vice-versa.

Développer : transformer un produit en une somme.

Réduire : rassembler des termes de même nature.

Factoriser : transformer une somme en un produit.

FORMULE clé

Puissances : $a^n = \underbrace{a \times \ldots \times a}_{n \text{ facteurs égaux à } a}$.

SCHÉMAS-BILANS

Distributivité

- **Simple** : $k(a + b) = ka + kb$
- **Double** : $(a + b)(c + d) = ac + ad + bc + bd$

Puissances avec $a \neq 0$

- $a^0 = 1$ et $a^1 = a$
- $a^n = a \times \ldots \times a$
  n facteurs égaux à a
- $\dfrac{10^n}{10^p} = 10^{n-p}$
- $10^n \times 10^p = 10^{n+p}$
- $10^{-n} = \dfrac{1}{10^n}$

La quatrième proportionnelle

FICHE 15

1 La proportionnalité

• Deux grandeurs sont dites **proportionnelles** si l'on obtient l'une en multipliant (ou en divisant) l'autre par un même nombre non nul.

• Ce nombre est alors appelé **coefficient de proportionnalité**.

Exemple : Le périmètre d'un carré est proportionnel à la longueur du côté du carré.

Contre-exemples : Le volume d'un cube n'est pas proportionnel à la longueur d'une de ses arêtes.
La taille d'une personne n'est pas proportionnelle à son âge.

2 La quatrième proportionnelle

a. Le produit en croix

• Pour déterminer une quatrième proportionnelle, il est nécessaire de savoir effectuer un **produit en croix**.

• **Propriétés :** pour tous nombres a, b, c et d avec b et d non nuls :

– si $\frac{a}{b} = \frac{c}{d}$, alors $a \times d = b \times c$;

– si $a \times d = b \times c$, alors $\frac{a}{b} = \frac{c}{d}$.

Exemple : Résolution de $\frac{15}{7} = \frac{x}{5}$.

On doit avoir $15 \times 5 = 7 \times x$, c'est-à-dire $75 = 7x$, d'où $x = \frac{75}{7}$.

b. Calcul de la valeur proportionnelle

• Dans un tableau de proportionnalité, si l'on connaît la valeur de trois nombres, il suffit d'effectuer un produit en croix pour trouver la **valeur manquante**.

• On nomme cette valeur la **quatrième proportionnelle**.

• Avec a non nul :

Grandeur 1	a	b
Grandeur 2	c	?

On a $? = \frac{b \times c}{a}$.

Remarque

La notion de proportionnalité est présente tout autour de nous. On est donc souvent confronté à la recherche d'une quatrième proportionnelle.

- Avec c non nul :

Grandeur 1	a	?
Grandeur 2	c	b

On a $? = \frac{a \times b}{c}$.

Méthode

Calculer une quatrième proportionnelle

Pour trouver une quatrième proportionnelle, il faut :
– multiplier les nombres de la diagonale connue ;
– diviser le résultat obtenu par le dernier nombre du tableau.

Exercices

→ Corrigés page 153

1 Au marché, 2 kilogrammes de cerises coûtent 11 €. Combien vas-tu payer si tu en achètes 3,5 kg ?

....

....

2 Ta facture d'électricité s'élève à 270,55 €. Sachant que le tarif d'1 kilowatt d'électricité est de 0,1546 €, combien de kilowatts as-tu consommés ?

....

....

3 Ton robinet fuit, ce qui te fait perdre 3 litres d'eau par jour. Quelle quantité d'eau auras-tu perdue au bout d'une semaine ?

....

....

Pourcentages

FICHE 16

1 Pourcentage

• Un pourcentage traduit une situation où la quantité totale est ramenée à **100**.

Remarque

On retrouve cette notion en décomposant le mot « pourcentage » en « pour cent ».

Exemple 1 : Sur l'emballage d'une confiserie, si on lit la mention « 85 % de glucose », cela signifie qu'il y a 85 grammes de glucose pour 100 grammes de confiserie.

Exemple 2 : Lors des élections, le président a obtenu 66 % des suffrages exprimés. Cela signifie que, sur 100 personnes, 66 ont voté pour lui.

Exemple 3 : Lors des élections des délégués de classe, Noa a obtenu 60 % des suffrages. Cela signifie que si la classe était constituée de 100 élèves, 60 d'entre eux auraient voté pour elle.

• **Propriété :** t % d'un nombre x, c'est le produit de t par x, divisé par 100.

• **Formule :** $t \text{ \% de } x = \dfrac{t \times x}{100}$.

Exemple : $200 \text{ \% de } 5 = \dfrac{200 \times 5}{100} = 10$.

2 Calcul d'un pourcentage

Pour **déterminer un pourcentage**, il faut :
- présenter les données sous la forme d'un tableau de proportionnalité ;
- placer le nombre 100, qui représente la totalité ;
- calculer la quatrième proportionnelle.

Grandeur 1	a	?
Grandeur 2	b	100

Donc $? = \dfrac{100 \times a}{b}$.

Exemple : Dans une classe de 40 élèves, Sabrina a été élue déléguée en ayant obtenu 25 voix.

Pour calculer le pourcentage de voix obtenues par Sabrina, on complète le tableau de proportionnalité suivant :

Voix obtenues par Sabrina	25	?
Nombre d'élèves	40	100

On recherche une quatrième proportionnelle : $? = \frac{25 \times 100}{40} = 62,5$.

Sabrina a donc obtenu 62,5 % des voix.

Attention

Il ne faut pas oublier le symbole % devant le taux.

Exercices

→ Corrigés page 153

1 Calcule les pourcentages.

1. 25 % de 500

→ ....

2. 75 % de 250

→ ....

3. 200 % de 25

→ ....

2 Sur un emballage, tu peux lire la mention « contient 5 % de sel ». Sachant que le produit pèse 1,5 kg, quelle quantité de sel contient-il ?

....

3 Dans ta classe, il y a 35 élèves, dont 15 filles. Calcule, au centième près, le pourcentage de filles de cette classe.

....

Statistiques : étendue, médiane et moyenne

FICHE 17

1 Étendue et médiane d'une série

• L'**étendue** d'une série statistique est la différence entre la plus grande valeur et la plus petite valeur de la série.

• **Formule :** Étendue =
Valeur maximale – Valeur minimale

Exemple : Série : 55 ; 85 ; 105 ; 15 ; 50 ; 50 ; 70 ; 90 ; 120 ; 5.
La **valeur maximale** est 120.
La **valeur minimale** est 5.
L'**étendue** de la série vaut 120 – 5 = 115.
Les valeurs sont **dispersées**.

Remarque

L'étendue est le premier outil pour étudier la **dispersion,** c'est-à-dire l'**éparpillement des valeurs de la série statistique**.

À retenir

Il faut toujours vérifier si la série est ordonnée ou pas. Si elle ne l'est pas, il faudra l'ordonner.

• La **médiane** m d'une série statistique ordonnée est **une valeur qui partage cette série** en deux séries de même effectif.

• Si l'effectif de la série est impair, la médiane est une valeur de la série.

Attention

La médiane n'est pas forcément une valeur de la série !

Exemple 1 :

5	7	9	10	12

La valeur 9 sépare la série en deux séries de même effectif. La médiane est 9.

Exemple 2 :

Poids poisson	1	2	3	4
Effectif	3	1	2	3

Il y a 9 valeurs dans la série : 1, 1, 1, 2, 3, 3, 4, 4, 4.
On calcule $\frac{9}{2} = 4{,}5$. C'est la 5e valeur qui indique la médiane :
1, 1, 1, 2, 3, 3, 4, 4, 4. La médiane est donc 3.

• Si l'effectif de la série est pair, il faut calculer une moyenne.

Exemple :

4	6	8	14

Toute valeur comprise entre 6 et 8 peut être la médiane. Par convention, on prend la moyenne des deux valeurs, ici $\frac{6+8}{2} = 7$. La médiane est 7.

Remarque

Pour déterminer la médiane, on peut aussi utiliser un **tableau des effectifs cumulés croissants**.

2 Moyenne

- La **moyenne** d'une série statistique est égale au quotient de la somme de toutes les valeurs par le nombre total de valeurs.
- **Formule :** $\text{moyenne} = \dfrac{\text{somme de toutes les valeurs}}{\text{nombre total de valeurs}}$
- On dit qu'il s'agit d'une **moyenne brute**.

Exemple : Voici la série de notes obtenues par Noa : 16 ; 8 ; 12.

La moyenne de cette série vaut $\dfrac{16+8+12}{3} = \dfrac{36}{3} = 12$.

- On obtient la **moyenne pondérée** d'une série statistique en additionnant les produits de chaque valeur par leurs coefficients et en divisant le résultat par la somme des coefficients.
- **Formule :**

$\text{moyenne pondérée} = \dfrac{\text{somme des produits de chaque valeur par son coefficient}}{\text{somme des coefficients}}$

Exemple : On considère la série statistique suivante :

Valeur	16	8	11
Coefficient	2	1	2

La moyenne vaut $\dfrac{16\times 2+8\times 1+11\times 2}{2+1+2} = \dfrac{32+8+22}{5} = \dfrac{62}{5} = 12{,}4$.

Exercices

→ Corrigés page 154

1 Voici la liste de tes notes. Donne l'étendue et la médiane de cette série de valeurs.

Valeur	10	12	14	16	18
Effectif	3	4	1	2	1

....

2 En utilisant le tableau de la question 1, calcule ta moyenne, arrondie au dixième.

....

Probabilités

FICHE 18

1 Vocabulaire

• Une expérience est dite **aléatoire** lorsque les résultats, que l'on nomme **issues**, ne sont pas prévisibles à l'avance.

> Exemple : Le jet d'un dé, à 6 faces numérotées de 1 à 6, constitue une expérience aléatoire.
>
> Les issues possibles sont 1 ; 2 ; 3 ; 4 ; 5 ; 6.

• Un évènement dit **impossible ne se produit jamais**, tandis qu'un évènement **certain se produit toujours**.

• Le **contraire** d'un évènement A est l'évènement qui se produit lorsqu'A ne se réalise pas. On le note « **nonA** » ou $\overline{A}$.

• Des évènements sont **incompatibles** lorsqu'ils ne peuvent pas se produire en même temps.

> Exemple : Lors d'un jet de dé à 6 faces numérotées de 1 à 6, « obtenir 8 » est impossible, tandis qu'« obtenir un entier entre 1 et 6 » est certain.
>
> L'évènement contraire d'« obtenir un nombre pair » est « obtenir un nombre impair ».
>
> Les évènements « obtenir 1 » et « obtenir 2 » sont incompatibles.

2 Notion et calcul de probabilité

• Si on répète un très grand nombre de fois la même expérience aléatoire dans les mêmes conditions, la fréquence de réalisation d'un évènement A se rapproche d'un nombre fixe appelé **probabilité de l'évènement A notée p(A)**. Cela nous donne le nombre de chances (entre 0 et 1) que l'évènement A se produise.

• Pour un évènement **impossible**, la probabilité vaut **0**.

• Pour un évènement **certain**, la probabilité vaut **1**.

> **Remarque**
>
> Pour effectuer une simulation avec un tableur, on utilise la fonction alea.entre.borne(;).

• Si toutes les issues ont la même probabilité de se réaliser, on dit qu'il y a **équiprobabilité**.

On a alors : $p(A) = \dfrac{\text{nombre d'issues où A est réalisé}}{\text{nombre total d'issues}}$.

Exemple :

Le jet d'un dé non truqué à 10 faces numérotées constitue une situation d'équiprobabilité. D'où p(obtenir 5) = $\frac{1}{10} \approx 0{,}1$. On a environ 10 % de chance d'obtenir 5.

À retenir

Il y a équiprobabilité lorsque l'expérience aléatoire n'est pas truquée.

- **Propriétés :** soit A un évènement, on a alors : $0 \leqslant p(A) \leqslant 1$.
- L'évènement contraire d'un évènement A se note : $p(A) + p(\bar{A}) = 1$.
- Autre formulation : $p(\bar{A}) = 1 - p(A)$.

Exercices

→ Corrigés page 154

1 Tu lances une pièce de monnaie truquée : la probabilité d'obtenir « Pile » vaut 65 %. Calcule la probabilité pour que tu obtiennes « Face ».

....

2 Tu lances un dé cubique non truqué dont les faces sont numérotées de 1 à 6.

1. Quelle est la probabilité que tu obtiennes un multiple de 3 ?

....

2. Quelle est la probabilité de ne pas obtenir un multiple de 3 ?

....

Organisation et gestion de données

FICHE 19

MÉMO

THÈMES clés

Quatrième proportionnelle : fiche 15
Pourcentages : fiche 16
Calculer l'étendue, la médiane et la moyenne : fiche 17
Probabilités : fiche 18

MOTS clés

Médiane *m* d'une série statistique ordonnée : valeur qui partage la série en deux séries de même effectif.

Équiprobabilité : situation dans laquelle toutes les issues ont la même chance de se produire.

FORMULES clés

Calcul d'un pourcentage : t % de x vaut : $\frac{t \times x}{100}$.

Moyenne : $\frac{\text{somme de toutes les valeurs}}{\text{nombre total de valeurs}}$.

Étendue : Valeur maximale – Valeur minimale.

Équiprobabilité : $p(A) = \frac{\text{nombre d'issues où A est réalisé}}{\text{nombre total d'issues}}$

SCHÉMA-BILAN

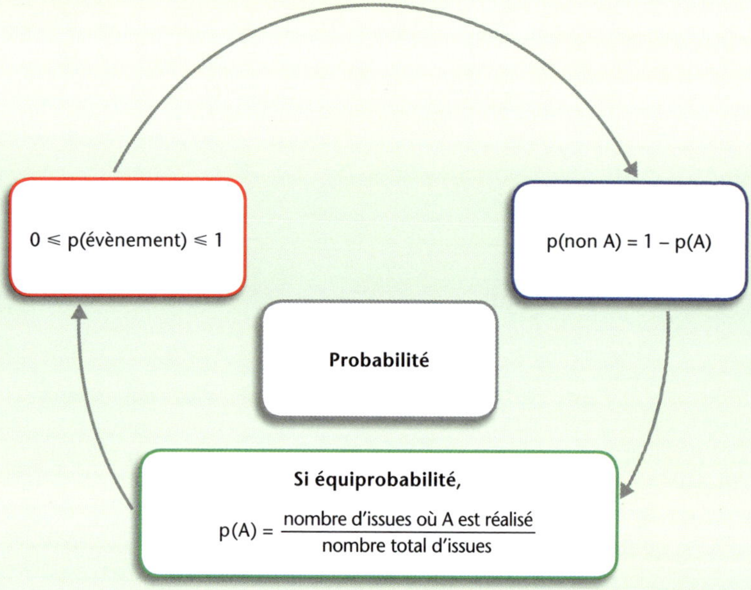

Grandeurs composées

FICHE 20

1 Grandeurs simples et grandeurs composées

- On distingue les **grandeurs simples** (les longueurs, les masses, les durées) et les **grandeurs composées** (l'énergie électrique, la vitesse, l'aire).
- On forme les grandeurs composées à partir de grandeurs simples.

2 Grandeur produit et grandeur quotient

- Le produit de deux grandeurs est appelé **grandeur produit**.

| **Exemple :** L'aire d'un carré est une grandeur produit.

- Le quotient de deux grandeurs est appelé **grandeur quotient**.

a. La vitesse

- La **vitesse moyenne V** est une grandeur quotient.

En effet, c'est le quotient de la distance d parcourue par la durée t du parcours : $V = \frac{d}{t}$.

Il y a donc proportionnalité entre la distance parcourue et la durée du parcours.

| **Exemple :** Un conducteur parcourt une distance de 5 kilomètres en 5 minutes.
| $V = \frac{5}{5}$. Il roule donc à la vitesse de 1 km/min.

- **Formules :**

– pour obtenir la distance : $d = V \times t$;

– pour obtenir la durée : $t = \frac{d}{V}$.

b. Le débit

Le **débit d'eau** d'un robinet est une grandeur quotient. C'est le quotient d'un volume d'eau par la durée d'ouverture du robinet.

| **Exemple :** Le débit d'un robinet est de 5 L/s.
| $D = \frac{5}{1} = 5$. En une seconde, il s'écoule donc 5 litres d'eau.

3 Changements d'unités

- **Conversions de base :**

– 1 m^3 = 1 000 L et 1 L = 1 dm^3 ;

À retenir

Dans un énoncé, si l'on utilise différentes unités, il faut d'abord les uniformiser.

– 1 are = 100 m² et 1 hectare = 10 000 m² ;
– 1 m = 10 dm = 100 cm et 1 km = 10 hm = 100 dam = 1 000 m.

Exemples : Une piscinette de 8 m^3 contient 8 000 L d'eau.
Une bouteille de 2 dm^3 d'eau contient 2 L d'eau.

- **Conversions de durée :**

– 1 min = 60 s donc 1 min = $\frac{1}{60}$ h ;
– 1 h = 60 min = 3 600 s.

À retenir

Il ne faut pas confondre l'**écriture décimale** d'une durée et son **écriture en minutes et secondes.**
Ainsi, 1,5 h ≠ 1 h 50 min.

Exemple 1 : 1 h 36 min = 60 min + 36 min
= 96 min
= $\frac{96}{60}$ min = 1,6 h.

Exemple 2 : 4,6 h = 4,6 × 60 min
= 276 min
= 276 × 60 s = 16 560 s.

Exercices

→ Corrigés page 155

1 **Un scooter roule à une vitesse moyenne de 30 km/h. Quelle distance parcourt-il en 2 secondes ?**

a. ☐ environ 16,67 m

b. ☐ environ 166,7 m

c. ☐ environ 1667 m

2 **Le robinet de ta cuisine fuit : tu perds 3 L toutes les 10 minutes. Quel est le débit de cette fuite en L/min ?**

....

....

3 **Convertis 1,6 h en heure et minutes.**

....

....

Aires et volumes : méthodes de calcul

FICHE 21

1 Aires

Figures et formules	
Rectangle 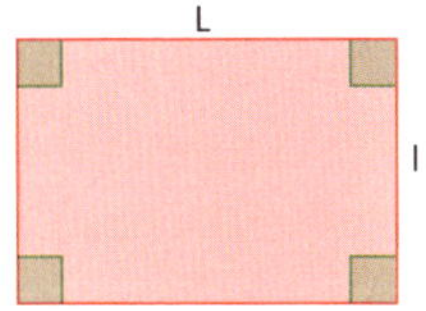 Longueur × Largeur	Carré 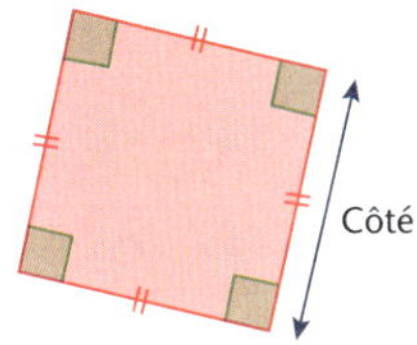 Côté × Côté
Parallélogramme 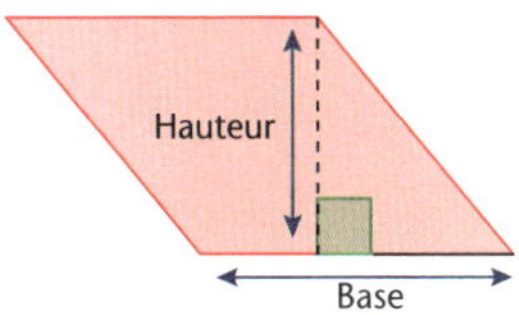 Base × Hauteur	Triangle 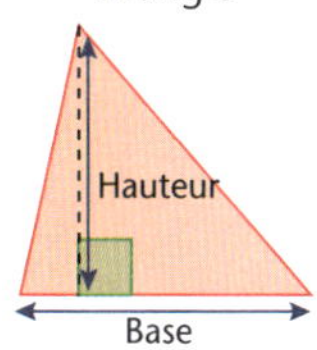 $\frac{\text{Base} \times \text{Hauteur}}{2}$
Disque 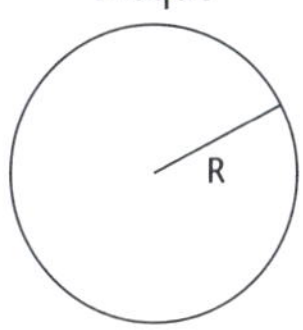 $\pi \times R^2$	

Exemple 1 :

L'aire d'un disque de rayon 3 cm vaut : $\pi \times 3^2 = 9\pi \approx 28{,}3$.
L'aire de ce disque vaut environ 28,3 cm^2.

Exemple 2 :

L'aire d'un carré de côté 5 cm vaut $5^2 = 25$.
L'aire de ce carré vaut environ 25 cm^2.

2 Volumes

Figures et formules

Pavé droit ou parallélépipède rectangle

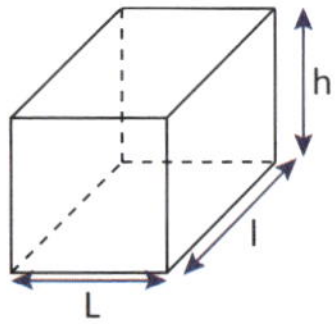

Longueur × Largeur × Hauteur

Prisme droit

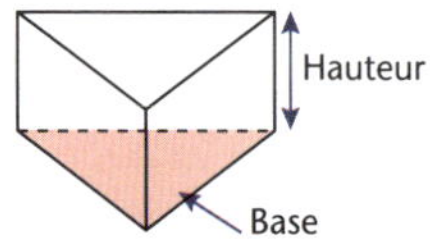

Aire de la base × Hauteur

Pyramide

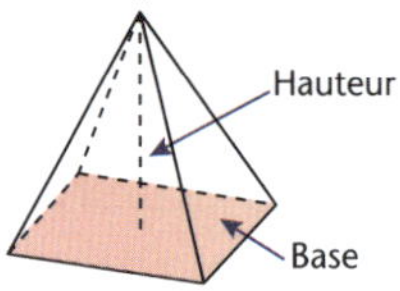

$$\frac{\text{Aire de la base} \times \text{Hauteur}}{3}$$

Cône de révolution

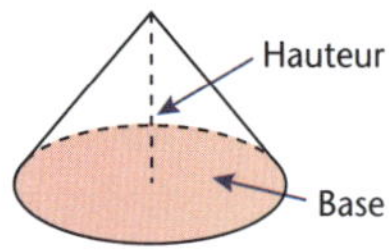

Exercices

→ Corrigés page 155

1 Calcule les aires des figures suivantes.

1. Un rectangle de 3 cm de longueur et de 2 cm de largeur

....

2. Un disque au rayon de 2 cm (avec Pi ≈ 3,14)

....

3. Un triangle de 3 cm de hauteur et à la base de 8 cm

....

2 Calcule les volumes des figures suivantes.

1. Un cône de révolution ayant une génératrice de 5 cm et un rayon de base de 3 cm, avec Pi ≈ 3,14

....

2. Une pyramide d'une hauteur de 5 cm ayant pour base un carré de longueur de côté de 3 cm

....

Triangle rectangle : théorème de Pythagore

FICHE 22

1 Le triangle rectangle

• Dans un triangle ABC rectangle en A, **l'hypoténuse** est le côté en face de l'angle droit : ici [BC].

• Les autres côtés [AC] et [BA] sont les **côtés de l'angle droit**.

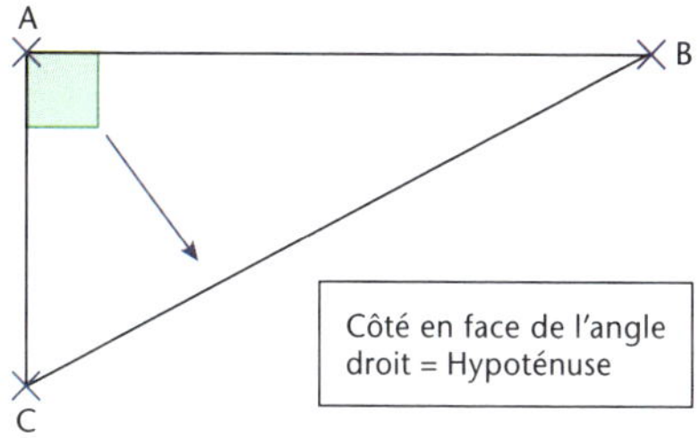

2 Le théorème de Pythagore

• Dans un triangle rectangle, le **carré de l'hypoténuse** est égal à la somme des carrés des côtés de l'angle droit.

• Autrement dit, si le triangle ABC est **rectangle** en **A**, alors $BC^2 = BA^2 + AC^2$.

• L'**hypoténuse** est le **côté le plus long** d'un triangle rectangle.

Attention

Ce théorème ne s'applique qu'aux triangles rectangles !

2 Mise en pratique du théorème

a. Calculer la longueur de l'hypoténuse d'un triangle rectangle

• Pour calculer la longueur NA du triangle OAN, on applique le théorème de Pythagore.

1. On a alors : $NA^2 = NO^2 + OA^2$.

2. On remplace par les valeurs connues :

$$NA^2 = 5^2 + 3^2$$
$$NA^2 = 25 + 9 = 34$$
$$NA = \sqrt{34} \approx 5{,}8 \text{ cm.}$$

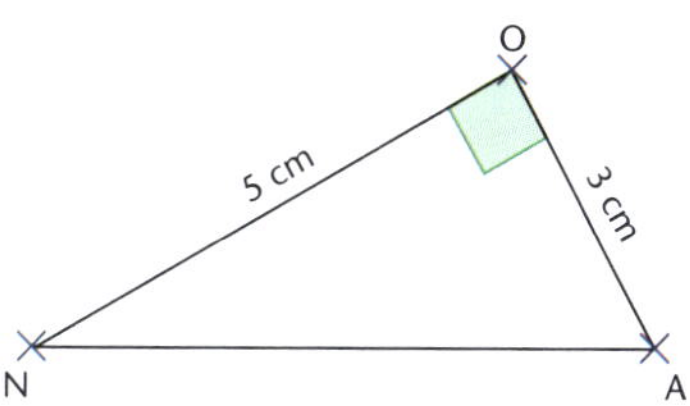

• La valeur exacte est $\sqrt{34}$. Elle se lit « **racine carrée** de 34 ». La valeur approchée au dixième est 5,8.

À retenir

Le terme « **hypoténuse** » ne s'emploie que pour parler d'un triangle rectangle.

b. Calculer la longueur d'un côté adjacent à l'angle droit d'un triangle rectangle

On calcule la longueur OA du triangle rectangle OAN.

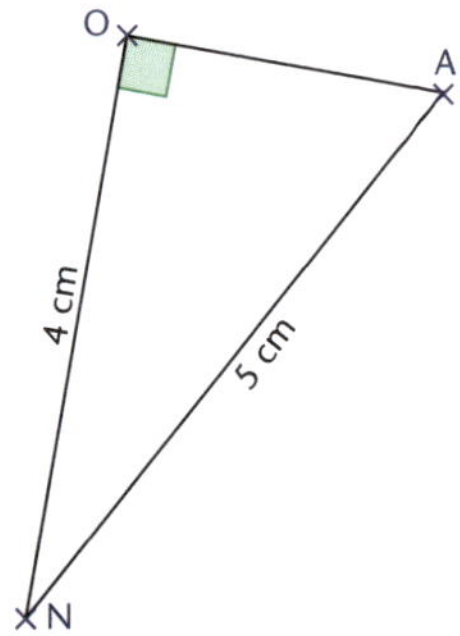

1. On a alors : $NA^2 = NO^2 + OA^2$.

2. On remplace par les valeurs connues :
$5^2 = 4^2 + OA^2$, d'où $25 = 16 + OA^2$.
$OA^2 = 25 - 16 = 9$, d'où $OA = \sqrt{9} = 3$ cm.

c. Prouver qu'un triangle n'est pas rectangle

Si le carré du côté le plus long d'un triangle n'est pas égal à la somme des carrés des deux autres côtés, alors ce triangle n'est pas rectangle.

Exemple : MAT est un triangle tel que MA = 5 cm, AT = 6 cm et TM = 7 cm. Est-il rectangle ?

Le côté le plus long est [TM].

On a : $TM^2 = 7^2 = 49$ et $TA^2 + AM^2 = 6^2 + 5^2 = 36 + 25 = 61$.

Donc $TM^2 \neq TA^2 + AM^2$. Le carré du côté le plus long n'est pas égal à la somme des carrés des deux autres côtés, le triangle n'est donc pas rectangle.

Exercices

→ Corrigés page 156

1 ABC est un triangle rectangle en A. Sachant que AB = 5 cm et que AC = 8 cm, que vaut BC^2 ? Donne la valeur approchée au dixième de BC.

....

....

....

2 On considère le triangle ABC tel que AB = 3 cm, AC = 5 cm et BC = 7 cm. Prouve que le triangle ABC n'est pas un triangle rectangle.

....

....

....

Triangle rectangle : réciproque du théorème de Pythagore

FICHE 23

1 Réciproque du théorème de Pythagore

- Si, dans un triangle, le carré du plus grand côté est égal à la somme des carrés des deux autres côtés, alors ce triangle est rectangle et a pour hypoténuse le plus grand côté.

- Si, dans un triangle ABC, on a $BC^2 = BA^2 + AC^2$, alors le triangle ABC est rectangle en A.

- La réciproque du théorème de Pythagore a une seule utilité : **prouver qu'un triangle est un triangle rectangle** !

> Exemple : Soit ABC un triangle tel que AB = 5 cm, AC = 12 cm et BC = 13 cm.
>
> Ce triangle ABC est rectangle en A. En effet, le côté le plus long est [BC].
>
> On calcule séparément BC^2 et $BA^2 + AC^2$. On obtient :
>
> $BC^2 = 13^2 = 169$ et $BA^2 + AC^2 = 5^2 + 12^2 = 25 + 144 = 169$.
>
> On a $BC^2 = BA^2 + AC^2$. D'après la réciproque du théorème de Pythagore, le triangle ABC est donc rectangle en A.

2 Mise en pratique

Donner la nature d'un triangle, c'est indiquer s'il est **équilatéral**, **isocèle**, **rectangle** ou **quelconque**.

Démontrer qu'un triangle est rectangle

On calcule séparément le carré du côté le plus long et la somme des carrés des deux autres côtés.

Cas 1 : égalité

Le carré de l'hypoténuse est égal à la somme des carrés des deux autres côtés. D'après la réciproque du théorème de Pythagore, **le triangle est donc rectangle**.

Cas 2 : inégalité

Le carré de l'hypoténuse n'est pas égal à la somme des carrés des deux autres côtés. D'après la réciproque du théorème de Pythagore, **le triangle n'est donc pas rectangle**.

Exercices

→ Corrigés page 156

1 On donne un triangle ABC de côtés AB = 5 cm, AC = 12 cm et BC = 13 cm. Combien vaut BC^2 ? Ce triangle est-il rectangle ?

....

....

2 Indique la nature des triangles suivants.

1. On donne le triangle ABC, avec AB = 6 cm, AC = 10 cm et BC = 12 cm.

....

....

2. On donne le triangle ABC, avec AB = 8 cm, AC = 15 cm et BC = 17 cm.

....

....

3 Les affirmations suivantes sont-elles vraies ou fausses ?

1. Le théorème de Pythagore peut servir à prouver qu'un triangle n'est pas rectangle.

a. ☐ vrai b. ☐ faux

2. La réciproque du théorème de Pythagore sert à calculer des longueurs.

a. ☐ vrai b. ☐ faux

3. La réciproque de Pythagore sert à prouver qu'un triangle est rectangle.

a. ☐ vrai b. ☐ faux

Trigonométrie

FICHE 24

1 Triangle rectangle

Dans un triangle rectangle, le **côté adjacent à un angle aigu** est le côté qui relie le sommet de l'angle droit au sommet de l'angle aigu.

Exemples :

Le **côté opposé** à $\widehat{ABC}$ est [AC].

Le **côté adjacent** à $\widehat{ABC}$ est [AB].

L'**hypoténuse** du triangle est [BC].

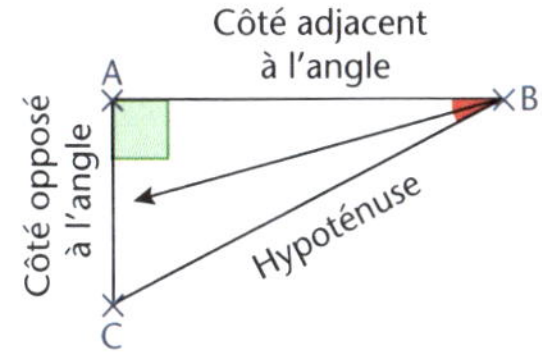

Remarque

L'**hypoténuse** n'est donc **jamais un côté opposé ou un côté adjacent d'un angle aigu.**
Dans un triangle rectangle, les deux **angles aigus** sont **complémentaires** : leur somme vaut 90°.

2 Cosinus d'un angle aigu

• Formule : $\cos \text{angle} = \dfrac{\text{longueur du côté adjacent à l'angle}}{\text{longueur de l'hypoténuse}}$.

Exemple : Dans le triangle ABC rectangle en A, on a $\cos \widehat{ABC} = \dfrac{BA}{BC}$.

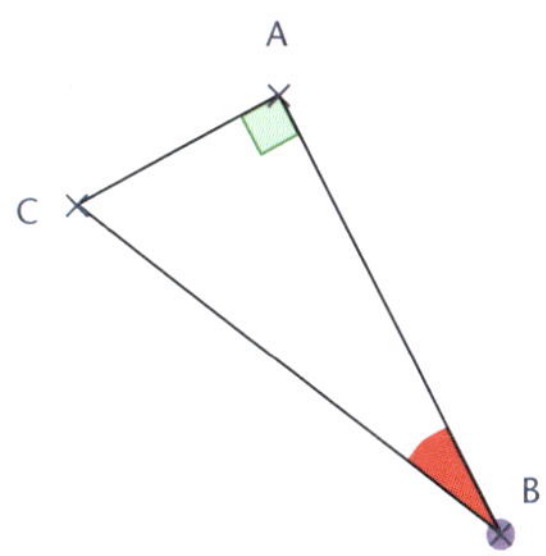

À retenir

Le terme « **cosinus** » se note « **cos** ».
Cette formule n'est valable que pour un triangle rectangle.

• **Propriété :** le cosinus d'un angle aigu est un nombre compris strictement entre 0 et 1 : $0 < \cos \widehat{ABC} < 1$.

À retenir

$\cos^2 x = \cos x \times \cos x$.

Méthode

Calculer un cosinus avec une calculatrice

• Pour **obtenir la valeur de cos 60°**, on tape (cos) 60 (EXE) : on obtient 0,5.

• Pour **obtenir la mesure de l'angle *x***, tel que cos = 0,2 : on tape (2nde) (cos) 0,2 (EXE). On arrondit au degré près et on obtient 78°.

• Valeurs particulières en utilisant une **calculatrice en mode degré** :

– $\cos 0° = 1$

– $\cos 30° \approx 0{,}87$

– $\cos 45° \approx 0{,}7$

– $\cos 60° = 0{,}5$

– $\cos 90° = 0$

Attention, 0° et 90° ne sont pas des mesures d'angles aigus.

• Les valeurs des cosinus d'un angle aigu sont très rarement exactes, il faut donc utiliser des **valeurs approchées**. La précision sera donnée par l'énoncé.

Exercices

→ Corrigés page 157

1 **Donne la valeur de chaque cosinus, arrondie au centième.**

1. $\cos 5° =$ ....

2. $\cos 50° =$ ....

3. $\cos 4° =$ ....

4. $\cos 40° =$ ....

5. $\cos 80° =$ ....

2 **En utilisant ta calculatrice, trouve la valeur de *x*, arrondie au degré près, telle que $\cos x = 0{,}4$.**

....

....

3 **En utilisant ta calculatrice, donne la valeur arrondie au dixième des sommes ci-dessous.**

1. $\cos^2 25° =$ ....

2. $\cos^2 65° =$ ....

3. Que peux-tu dire de la somme de ces deux cosinus ?

....

Trigonométrie : calcul de longueurs dans un triangle rectangle

FICHE 25

Pour effectuer ces calculs, il faut utiliser le théorème de Pythagore (→ *voir fiche 22*) et la formule du cosinus (→ *voir fiche 24*).

1 Calculer la longueur d'une hypoténuse

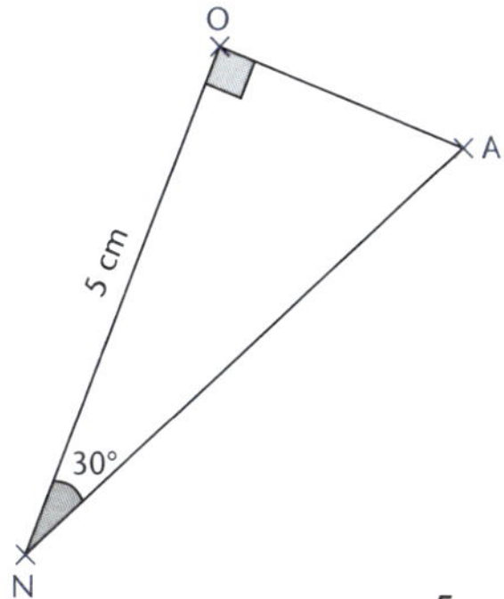

• **Cas 1 :** triangle rectangle dont on connaît la mesure d'un angle non droit et la longueur du côté adjacent.

1. Dans le triangle NOA rectangle en O, on sait que $\cos(\widehat{ANO}) = \dfrac{NO}{NA}$.

On **remplace les lettres** par les valeurs connues : $\cos(30°) = \dfrac{5}{NA}$.

2. On utilise le **produit en croix** pour obtenir la valeur exacte :

$NA = \dfrac{5}{\cos(30°)}$.

3. On utilise la calculatrice pour obtenir une **valeur approchée** en tapant : 5 (cos) 30 (exe).

On obtient : 5,7736721.

D'où NA ≈ 5,77 cm.

• **Cas 2 :** triangle rectangle dont on connaît la mesure d'un angle non droit et la longueur du côté opposé.

1. Dans un triangle rectangle, les **angles non droits** sont **complémentaires**. On a donc $\widehat{NAO} = 60°$.

2. On a alors $\cos(\widehat{NAO}) = \dfrac{AO}{AN}$.

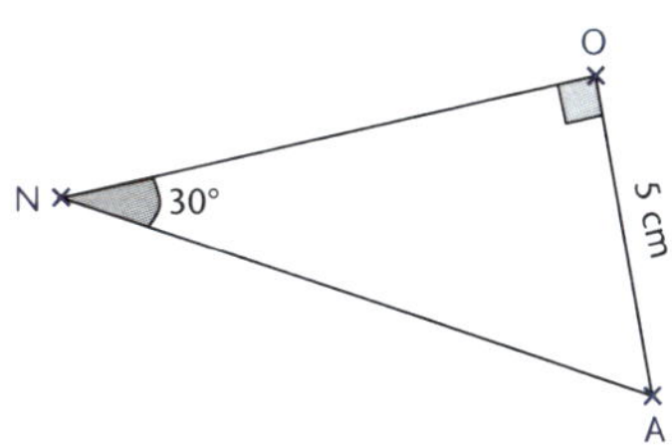

3. On **remplace les lettres** par les valeurs connues : $\cos(60°) = \dfrac{5}{AN}$.

On a alors :

$AN = \dfrac{5}{\cos(60°)} = \dfrac{5}{0{,}5} = 10$ cm.

2 Calculer la longueur d'un côté adjacent

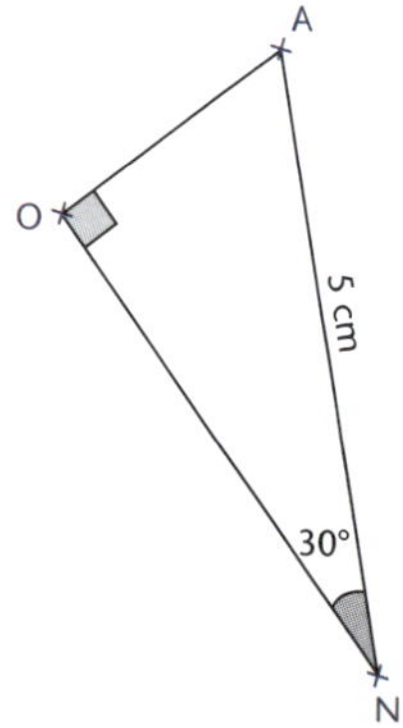

- **Calcul de ON :**

1. Le triangle AON est rectangle en O.
On a donc :

$\cos(\widehat{ONA}) = \frac{ON}{NA}$.

2. On **remplace les lettres** par les valeurs connues :

$\cos(30°) = \frac{ON}{5}$.

3. On utilise le produit en croix :
$ON = 5 \times \cos(30°)$ (valeur exacte).

4. En utilisant une calculatrice, on obtient : $ON \approx 4{,}33$ cm.

- **Calcul de OA :** dans le triangle OAN rectangle en A, on connaît AN et ON.

1. On applique le théorème de Pythagore : $NA^2 = NO^2 + OA^2$.

2. D'où $OA^2 = NA^2 - NO^2 = 5^2 - (5\cos(30°))^2 = 6{,}25$.

3. On a donc $OA = \sqrt{6{,}25} = 2{,}5$ cm.

Exercices

→ Corrigés page 157

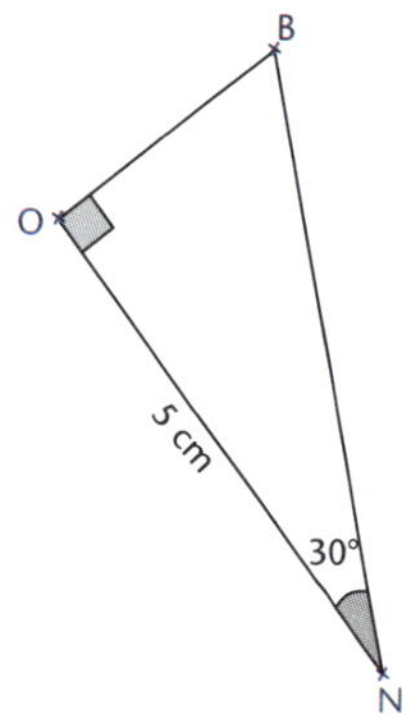

1 Coche la valeur de BN.

a. ☐ $5\cos(30°)$

b. ☐ $\frac{\cos(30°)}{5}$

c. ☐ $\frac{5}{\cos(30°)}$

2 Dans le triangle BON ci-dessus, calcule la valeur approchée au dixième de OB.

....

....

....

Trigonométrie : calcul d'angles dans un triangle rectangle

FICHE 26

1 Avec la longueur du côté adjacent et de l'hypoténuse

Le triangle BON est rectangle en O.

On a alors : $\cos(\widehat{ONB}) = \frac{ON}{BN}$.

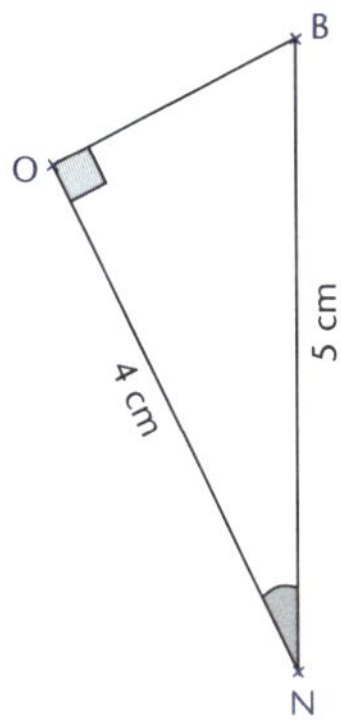

1. On **remplace les lettres** par les valeurs connues :

$\cos(\widehat{ONB}) = \frac{4}{5} = 0{,}8$.

2. On utilise la calculatrice en saisissant : (2nde) (cos) 0,8 (exe).

On obtient : 36,869897645844021296855612559093.

On a donc $\widehat{ONB} \approx 37°$.

À retenir

On donne toujours des valeurs approchées **au degré près**.

2 Avec la longueur du côté opposé et de l'hypoténuse

Pour obtenir une mesure approchée au degré près de l'angle $\widehat{BNO}$, on va utiliser l'angle $\widehat{OBN}$, puisque ces deux angles sont complémentaires.

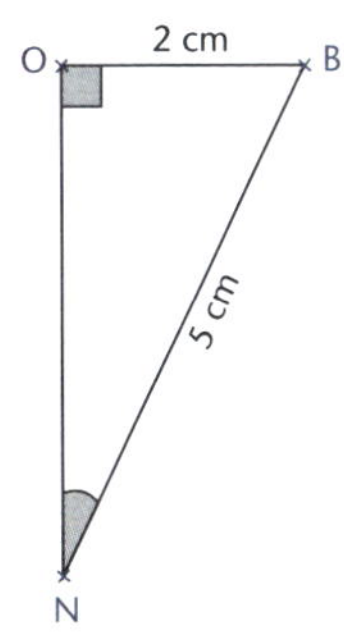

1. On sait que $\cos(\widehat{OBN}) = \frac{OB}{BN}$.

2. On **remplace les lettres** par les valeurs connues : $\cos(\widehat{OBN}) = \frac{2}{5} = 0{,}4$.

3. On doit taper la séquence de touches : (2nde) (cos) 0,4 (exe).

On obtient alors : 66,421821521798168895977500580173.

On a donc : $\widehat{OBN} \approx 66°$, d'où $\widehat{ONB} \approx 24°$.

3 Avec la longueur du côté adjacent et du côté opposé

Le triangle OBN est rectangle en O.

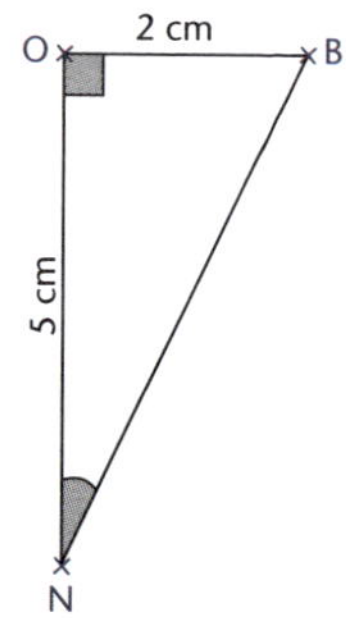

1. On sait que : $\cos(\widehat{OBN}) = \frac{OB}{ON}$.

Pour pouvoir déterminer une mesure de l'angle, il faut d'abord déterminer la **mesure de l'hypoténuse**. Pour cela, on va utiliser le théorème de Pythagore : $BN^2 = BO^2 + ON^2$.

2. On **remplace les lettres** par les valeurs connues :
$BN^2 = 2^2 + 5^2 = 4 + 25 = 29$, donc $BN = \sqrt{29}$.

On a alors : $\cos(\widehat{OBN}) = \frac{2}{\sqrt{29}}$.

3. On tape la séquence de touches suivante :
(2nde) (cos 2) ($\sqrt{29}$) (exe).

On obtient : 68,198590513648188229755133913056.

On a donc : $\widehat{OBN} \approx 68$.

Exercices

→ Corrigés page 158

1 En utilisant ta calculatrice, détermine la valeur de *x*, arrondie au degré près, telle que :

1. $\cos(x) = 0{,}3$ → ....
2. $\cos(x) = 0{,}5$ → ....
3. $\cos(x) = 0{,}8$ → ....

2 Soit ABC un triangle rectangle en A, avec AB = 4 cm, AC = 3 cm et BC = 5 cm.

1. Calcule une mesure de $\widehat{ABC}$ au degré près.

....

2. Calcule une mesure de $\widehat{BCA}$ au degré près.

....

Le théorème de Thalès

FICHE 27

1 Le théorème

Dans un triangle ABC, M est un point de (AB) et N un point de (AC).

Si (BC) est **parallèle** à (MN), alors $\frac{AM}{AB} = \frac{AN}{AC} = \frac{MN}{BC}$.

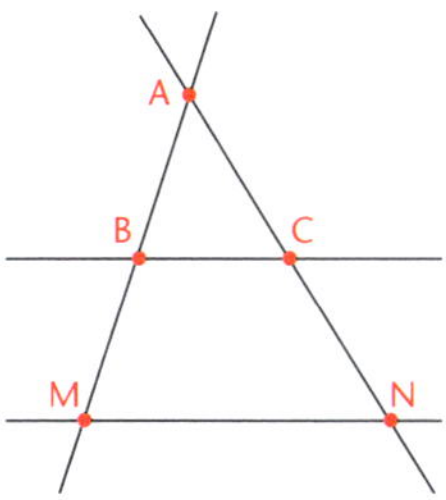

Configuration triangle

À retenir

Pour pouvoir appliquer ce théorème, **les droites doivent être parallèles.**

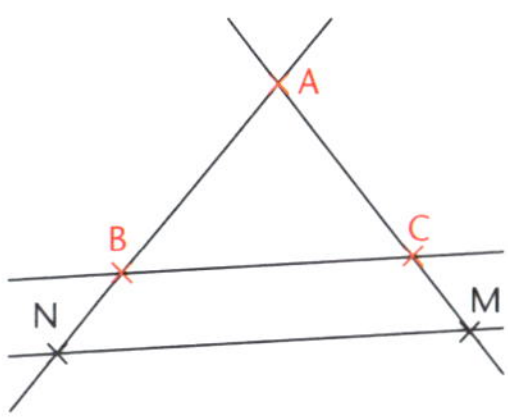

À retenir

Dans cette configuration, ABC et ANM sont des triangles semblables.

2 Utilités

a. Calculer des longueurs

- AB = 5 cm, AM = 6 cm, BC = 4 cm, AC = 3 cm.
- On écrit l'égalité des trois quotients, puis on remplace par les valeurs connues. On utilise ensuite un produit en croix.

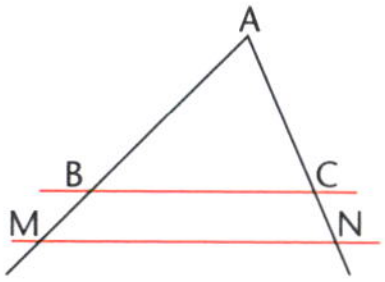

Exemple : calcul de MN et de AN.

1. (MN) et (BC) sont parallèles. D'après le théorème de Thalès, on a donc : $\frac{AB}{AM} = \frac{AC}{AN} = \frac{BC}{MN}$.

2. On remplace par les valeurs connues : $\frac{5}{6} = \frac{3}{AN} = \frac{4}{MN}$.

3. On a donc : $AN = \dfrac{3 \times 6}{5}$, soit AN = 3,6 cm.

On a aussi $MN = \dfrac{4 \times 6}{5} = 4{,}8$ cm.

b. Prouver que deux droites ne sont pas parallèles

On calcule séparément les quotients. S'ils sont différents, alors les droites ne sont pas parallèles.

Exemple : AB = 3,7 cm, AC = 4,2 cm, M ∈ (AB), AM = 4,8 cm, N ∈ (AC) et AN = 5,6 cm.

1. Si (BC) et (MN) étaient parallèles, en appliquant le théorème de Thalès, on aurait $\dfrac{AB}{AM} = \dfrac{AC}{AN} = \dfrac{BC}{MN}$.

2. On remplace par les valeurs connues : $\dfrac{AB}{AM} = \dfrac{3{,}7}{4{,}8} \approx 0{,}77$ et $\dfrac{AC}{AN} = \dfrac{4{,}2}{5{,}6} = 0{,}75$.

Les deux quotients sont différents, les droites (BC) et (MN) ne sont donc pas parallèles.

Exercices

→ Corrigés page 158

1 Sachant que (NM) est parallèle à (CB), écris tous les quotients égaux.

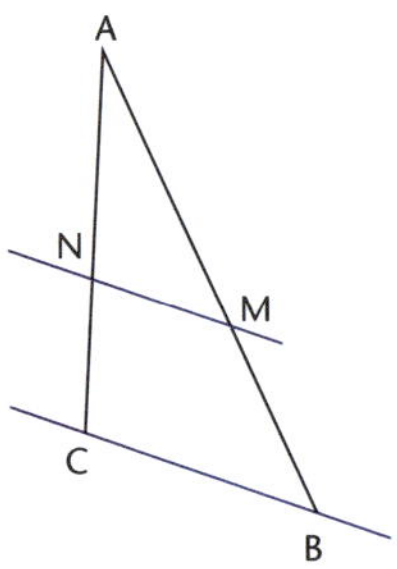

....

....

2 Peux-tu appliquer le théorème de Thalès dans ce triangle ? Si cela est possible, écris tous les quotients égaux.

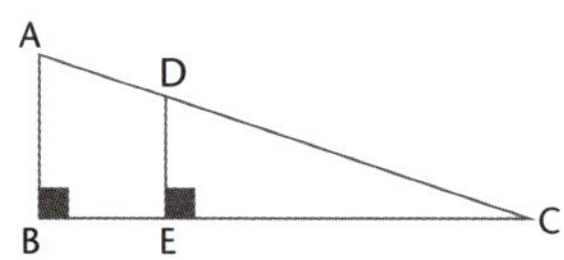

....

....

Translation et rotation

FICHE 28

1 Translation

• Effectuer une translation, c'est effectuer un **glissement rectiligne**. Il a donc un **sens**, une **direction** et une **longueur**.

Exemple :

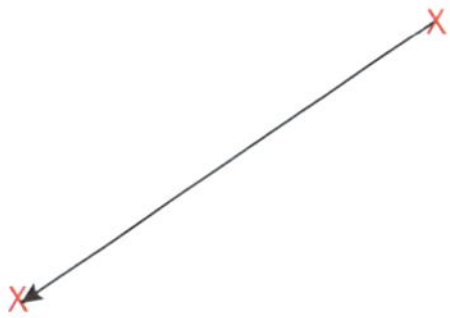

• En utilisant un couple de points pour symboliser, par exemple, la **translation de A vers B**, on obtient la figure ci-contre.

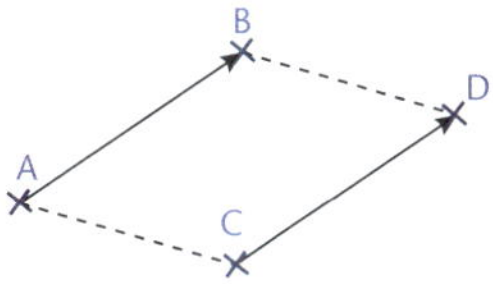

• **Propriété :** dire que D est l'image de C par la translation transformant A en B signifie que ABDC est un parallélogramme.

Remarque

Les diagonales de ABDC ont donc le même milieu.

• **Propriétés de conservation :** lors d'une translation, les longueurs de segments, les mesures d'angles et les aires sont conservées.

• **Conséquences :**
- elle transforme un segment en un segment de même longueur ;
- elle transforme une droite en une droite parallèle ;
- elle transforme un cercle en un cercle de même rayon.

À retenir

Une translation conserve toutes les caractéristiques de la forme transformée.

2 Rotation

• Dans une rotation, le sens **direct** est le **sens inverse des aiguilles d'une montre**.

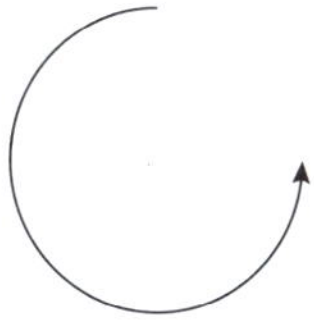

• D'un point de vue pratique, effectuer une rotation de centre O et d'angle α, c'est **faire tourner la figure d'un angle α autour du point O**.

Exemple :

On passe de la figure 1 à la figure 2 par une rotation de centre O et d'angle 60°.

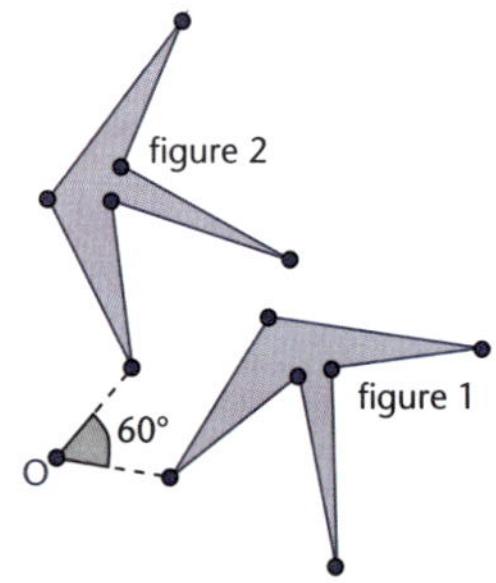

• Dire que M' est l'image de M par **la rotation de centre O et d'angle α**, dans le sens direct, signifie que **OM' = OM**.

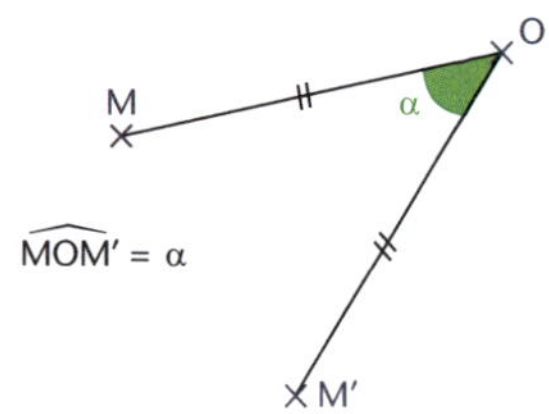

• **Propriétés de conservation :** lors d'une rotation, les longueurs de segments, les mesures d'angles et les aires sont conservées.

• **Conséquences :**
– elle transforme une droite en une droite ;
– un cercle en un cercle de même rayon.

Exercices

→ Corrigés page 158

1 Coche les bonnes réponses.

1. L'image d'un triangle rectangle par une translation est :

a. ☐ un triangle équilatéral. b. ☐ un triangle rectangle.

2. L'image d'un cercle par une rotation de centre O et d'angle 30° est :

a. ☐ un cercle de rayon 30 fois le rayon d'origine. b. ☐ un cercle de même rayon.

2 Une rotation de centre O et d'angle 390° est équivalente à une rotation de centre O et d'angle 30°.

a. ☐ vrai b. ☐ faux

Géométrie dans l'espace : les solides

FICHE 29

1 Pyramides

a. Vocabulaire

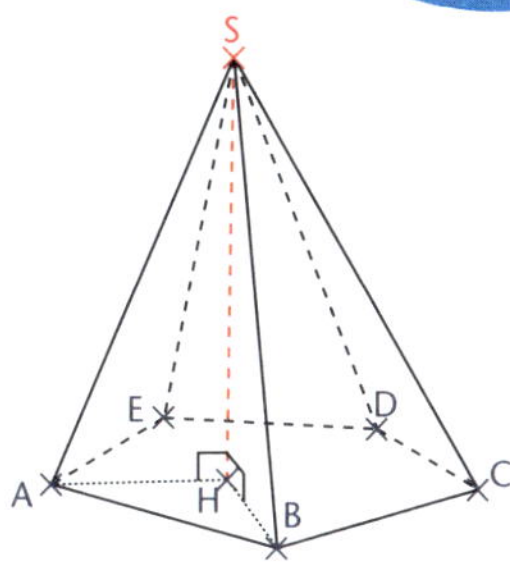

- Une **pyramide** est un **solide** composé d'une face polygonale appelée base (ici, ABCDE).
- Les autres faces, appelées **faces latérales**, sont des triangles qui ont un sommet commun : le sommet de la pyramide (ici, le point S).
- La hauteur est le segment issu du sommet perpendiculaire à la base.
- Une arête latérale est un segment qui relie le sommet de la pyramide à un sommet de la base : ici, [SA], [SB], [SC], [SD] et [SE].

Remarque

L'angle H étant un angle droit, on pourra utiliser le théorème de Pythagore.

- Si la base de la pyramide est triangulaire, on parlera d'un téraèdre.
- Si la base est un **polygone régulier**, et que les faces latérales sont toutes **superposables** et **isocèles**, on dira que la pyramide est régulière.

b. Patron

Le patron d'une pyramide est constitué de la **base polygonale** et d'une **série de triangles** dont les côtés sont de même longueur.

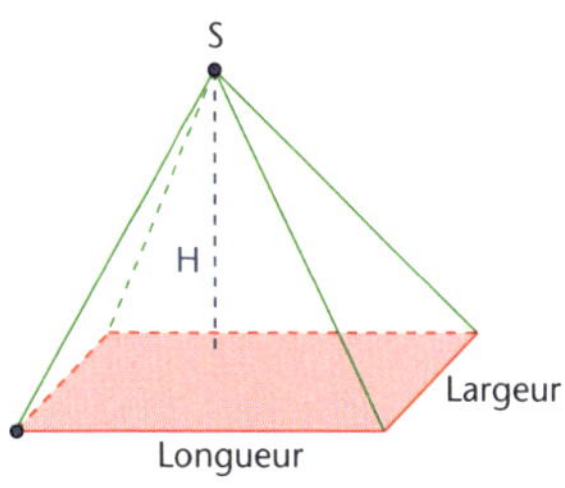

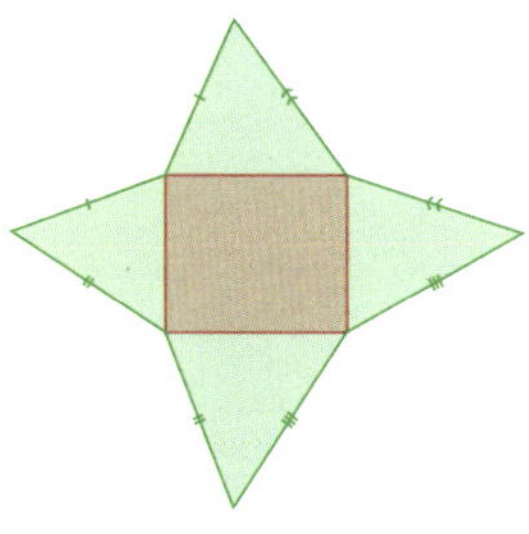

2 Cônes de révolution

a. Vocabulaire

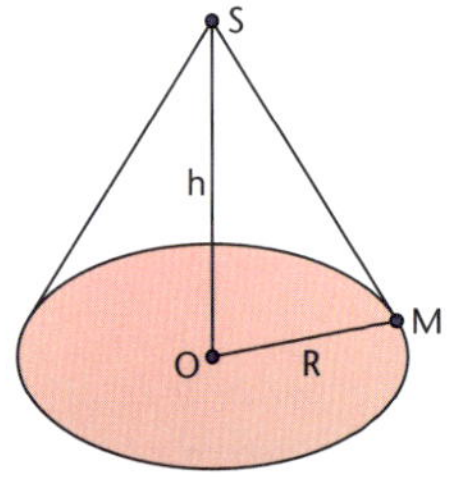

• Un **cône de révolution** est un **solide** obtenu en faisant tourner un **triangle rectangle** (ici, OMS) autour d'un des côtés de l'angle droit. La base est donc un disque.

• La hauteur est le segment qui relie le centre du disque de base au sommet du cône (ici, le point S).

• Une génératrice est un segment reliant le sommet du cône à un point du cercle de la base : ici, [MS].

b. Patron

Voici le patron d'un cône de révolution au rayon de disque de base de 3 cm et de longueur de génératrice de 7 cm. La circonférence du disque de base vaut la longueur du secteur de disque de rayon de 7 cm. L'angle du secteur vaut : $\dfrac{3 \times 360°}{7} \approx 154°$.

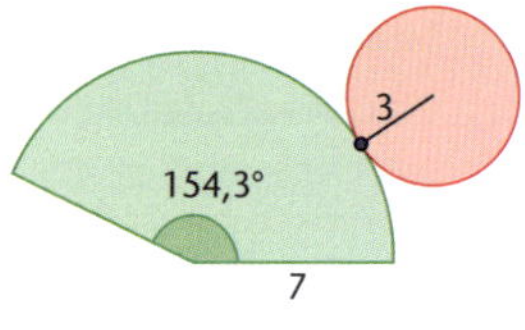

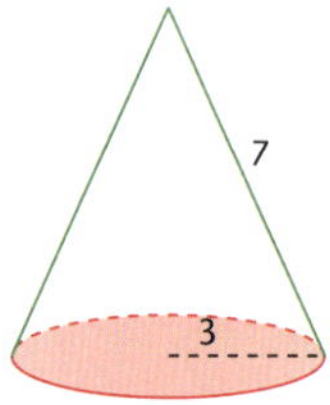

Exercice

→ Corrigés page 158

1 Donne la nature des solides suivants.

1. 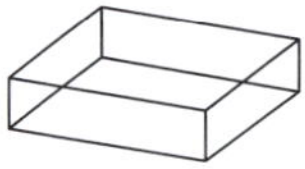 ....

2.  ....

3. 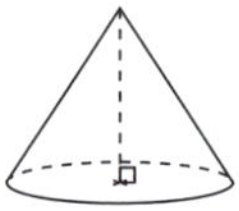 ....

Géométrie dans l'espace : sections planes

FICHE 30

1 Sections d'un pavé droit

• La section plane d'un pavé droit **par un plan parallèle à l'une de ses faces** est un rectangle ayant les mêmes dimensions que cette face.

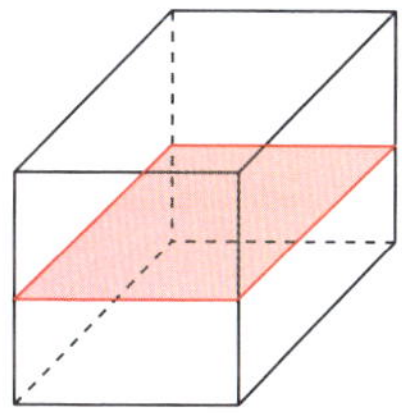

• La section plane d'un pavé droit par un plan **parallèle à l'une de ses arêtes** est un rectangle.

À retenir

Pour représenter un objet de l'espace par une figure plane, il faut toujours faire une représentation en **perspective cavalière** (comme ci-contre).

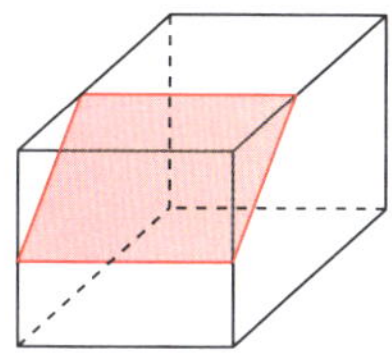

2 Sections d'un cylindre de révolution

• La section plane d'un cylindre de révolution **par un plan parallèle à l'axe** est un rectangle (en vert sur la figure).

• La section plane d'un cylindre de révolution **par un plan perpendiculaire à l'axe** est un cercle de même rayon que la base (en rouge sur la figure).

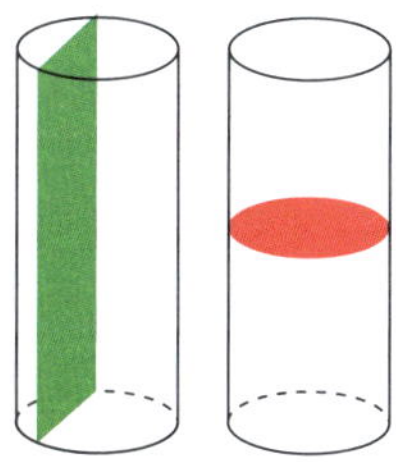

3 Sections d'un cône de révolution

La section plane d'un cône de révolution **par un plan parallèle à sa base** est un disque (en orange sur la figure). Celui-ci est en fait une réduction du cercle de base.

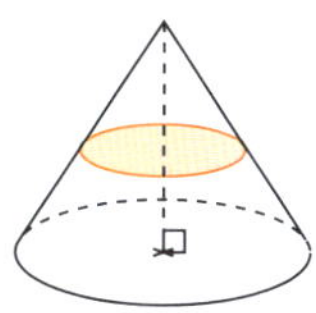

4 Sections d'une pyramide

La section plane d'une pyramide **par un plan parallèle à sa base** est un polygone. Celui-ci est en fait une réduction du polygone de base.

À retenir

En perspective cavalière, le cercle obtenu est déformé : la forme dessinée est ovale.

Exemple : La section d'une pyramide à base rectangulaire par un plan parallèle à sa base est un rectangle.

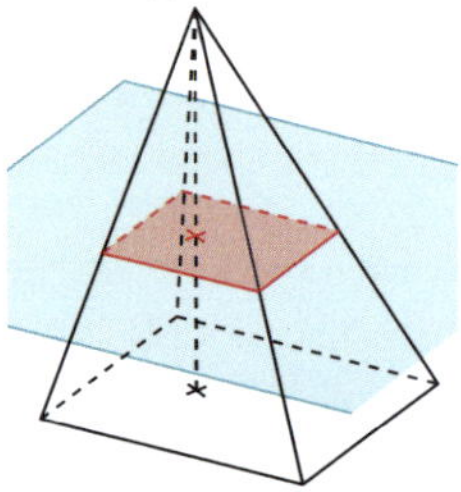

Exercice

→ Corrigés page 158

1 Coche les bonnes réponses.

1. La section d'un cône de révolution par un plan parallèle à sa base est :

a. ☐ un disque.

b. ☐ un rectangle.

c. ☐ un carré.

2. Si la section plane d'une pyramide par un plan parallèle à sa base est un hexagone, la pyramide est à base :

a. ☐ pentagonale.

b. ☐ heptagonale.

c. ☐ hexagonale.

3. La section d'un cube par un plan parallèle à une de ses faces est :

a. ☐ un parallélogramme.

b. ☐ un rectangle.

c. ☐ un carré.

4. La section d'un cylindre de révolution par un plan parallèle à son axe de révolution est :

a. ☐ un disque. b. ☐ un rectangle. c. ☐ un cercle.

Espace et géométrie

FICHE 31

MÉMO

THÈMES clés

Configuration de Pythagore : fiche 22

Prouver qu'un triangle est ou n'est pas rectangle : fiche 23

Utilisation du cosinus dans le triangle rectangle : fiches 24, 25 et 26

Configuration de Thalès : fiche 27

Transformations du plan : fiche 28

Géométrie dans l'espace : fiches 29 et 30

MOTS et IDÉES clés

Dans une figure, dès que l'on repère un angle droit, il faut penser à utiliser le théorème de **Pythagore** ou la trigonométrie.

Le théorème de **Pythagore** sert à calculer des longueurs et à prouver qu'un triangle n'est pas rectangle. Sa **réciproque** sert à prouver qu'un triangle est rectangle.

Une **translation** est un glissement rectiligne. Il y a donc conservation des longueurs, des angles et des aires.

Une **rotation** conserve les longueurs, les angles et les aires.

SCHÉMAS-BILANS

Démontrer qu'un triangle est rectangle

On calcule séparément le carré du côté le plus long et la somme des carrés des deux autres côtés.

Cas 1 : égalité

Le carré de l'hypoténuse est égal à la somme des carrés des deux autres côtés. D'après la réciproque du théorème de Pythagore, **le triangle est donc rectangle**.

Cas 2 : inégalité

Le carré de l'hypoténuse n'est pas égal à la somme des carrés des deux autres côtés. D'après la réciproque du théorème de Pythagore, **le triangle n'est donc pas rectangle**.

Théorème de Pythagore et calcul du cosinus

Théorème de Pythagore

$BC^2 = BA^2 + AC^2$

Cosinus

$\cos \widehat{ABC} = \frac{BA}{BC}$

Triangle ABC rectangle en A

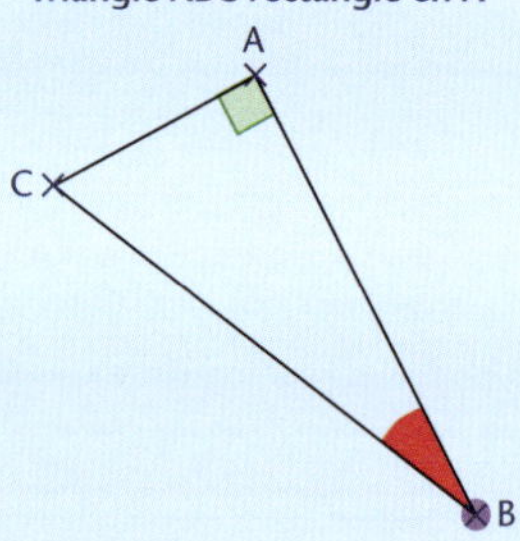

Lire ou écrire un algorithme

1 Lire un algorithme

• Un algorithme est une série d'instructions qui doit s'exécuter dans un certain ordre pour obtenir un résultat.

• Pour lire un algorithme, il faut **suivre les instructions ligne par ligne**.

Remarque

De ce point de vue, on peut donc comparer le fonctionnement d'un algorithme à celui d'une recette de cuisine.

Exemple 1 :

1. Lorsqu'on appuie sur le drapeau, la **variable « nombre »** est initialisée à 5.
2. On lui **ajoute** ensuite 1 : elle contient donc 6.

3. On **calcule 3 fois la variable** : on multiplie donc 3 par 6. Le lutin affiche alors le résultat 18.

Exemple 2 :

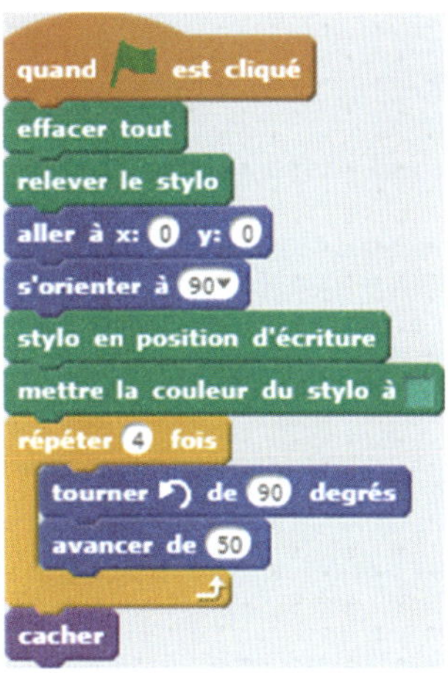

1. Lorsqu'on appuie sur le drapeau, on **efface** l'écran, on **relève** le stylo pour **déplacer** le lutin au centre, on l'**oriente** convenablement, puis on « **abaisse** » le stylo pour écrire.
2. On **répète** 4 fois la même instruction :
   – on **tourne** de 90° vers la gauche ;
   – on **avance** de 50.
3. Une fois que la répétition est finie, on **cache** le lutin.

On obtient alors un carré.

2 Écrire un algorithme

Pour **écrire un algorithme**, il faut d'abord se poser les questions suivantes :
– que doit-il faire ?
– quelles sont les variables que je dois utiliser ?
– est-ce que je vais utiliser une répétition ?

Exemple : On doit écrire un programme qui lit un prix et qui affiche comme résultat le nouveau prix après une augmentation de 15 %.

→ On va avoir besoin d'une variable prix.

→ Le lutin devra donner le nouveau prix. Pour qu'il puisse le calculer, il devra ajouter une augmentation de 15 % au prix initial.

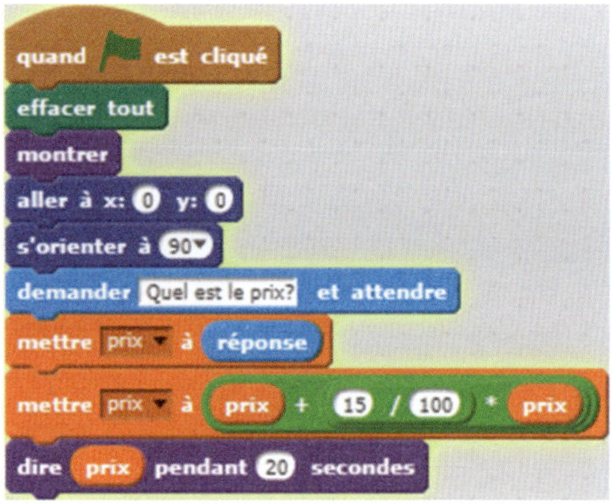

Exercices

→ Corrigés page 159

1 Quelle instruction faut-il utiliser pour calculer 3 + 5 × 20 – 8 ?

a. ☐ 

b. ☐ 

2 Écris un algorithme pour afficher un triangle équilatéral d'une longueur de 20 cm de côté.

....

Corrigés

Partie 1 : Nombres et calculs

FICHE 1

❶ 1. $A = (-5) + (-3{,}5) = -(5 + 3{,}5) = -8{,}5$
2. $B = (+3{,}2) + (+8{,}2) = 3{,}2 + 8{,}2 = 11{,}4$
3. $C = (-5{,}2) - (-4{,}2) = (-5{,}2) + (+4{,}2) = -(5{,}2 - 4{,}2) = -1$

❷ $A = (-5) + (-8) = -(5 + 8) = -13$
$B = (-8) + (+11) = +(11 - 8) = 3$
$C = A + B = (-13) + 3 = -(13 - 3) = -10$

FICHE 2

❶ 1. $A = (-3) \times (-5) = +(3 \times 5) = 15$
2. $B = -3 \times 5 = (-3) \times (+5) = -(3 \times 5) = -15$
3. $C = 3 \times (-5) = -(3 \times 5) = -15$
4. $D = 3 \times 5 = 15$

❷ 1. $E = \frac{5}{-2} = -\frac{5}{2} = -2{,}5$

2. $F = \frac{-10}{-5} = \frac{10}{5} = 2$

3. $G = \frac{17}{-1} = -\frac{17}{1} = -17$

4. $H = \frac{-121}{-11} = \frac{121}{11} = 11$

FICHE 3

❶ 1. $A = (+3) - (+8) - (-9) + (+1) = 3 - 8 + 9 + 1 = -5 + 9 + 1 = 4 + 1 = 5$
2. $B = -5 + 3 - 10 = -2 - 10 = -12$
3. $C = (-3) \times (-8) \times (-10) = -(3 \times 8 \times 10) = -(24 \times 10) = -240$

❷ 1. $D = 17 - 7 \times 5 = 17 - 35 = -18$
2. $E = (17 - 7) \times 5 = (10) \times 5 = 50$
3. $F = (5 - 3) \times (15 - 8) = (2) \times (7) = 14$
4. $G = (3 + (1 + 2 \times 3)) + 2 = (3 + (1 + 6)) + 2 = (3 + 7) + 2 = 10 + 2 = 12$

❸ $\frac{3 + 5 \times 2}{2 \times 3 + 3} = \frac{3 + 10}{6 + 3} = \frac{13}{9}$

Il fallait donc cocher la réponse c.

FICHE 4

❶ 1. $\frac{15}{45} = \frac{5 \times 3}{5 \times 9} = \frac{3}{9} = \frac{3 \times 1}{3 \times 3} = \frac{1}{3}$

2. $\frac{121}{22} = \frac{11 \times 11}{11 \times 2} = \frac{11}{2}$

❷ Les deux fractions ont un même dénominateur. On compare donc les numérateurs : $17 < 35$.

Donc : $\frac{17}{125} < \frac{35}{125}$.

❸ Les dénominateurs, 5 et 9, sont différents. On cherche donc dans la table de 5 et de 9 : 45 est un candidat.

$\frac{11}{9} = \frac{11 \times 5}{9 \times 5} = \frac{55}{45}$

$\frac{7}{5} = \frac{7 \times 9}{5 \times 9} = \frac{63}{45}$

$55 < 63$ donc $\frac{55}{45} < \frac{63}{45}$, d'où $\frac{11}{9} < \frac{7}{5}$.

FICHE 5

❶ 1. $A = \frac{2}{3} + \frac{4}{3} = \frac{2+4}{3} = \frac{6}{3} = \frac{3 \times 2}{3 \times 1} = \frac{2}{1} = 2$

2. $B = \frac{8}{3} - \frac{15}{3} = \frac{8-15}{3} = \frac{-7}{3}$

❷ 1. $C = 1 + \frac{5}{11} = \frac{1 \times 11}{11} + \frac{5}{11} = \frac{11}{11} + \frac{5}{11} = \frac{11+5}{11} = \frac{16}{11}$

2. $D = \frac{5}{3} - 5 = \frac{5}{3} - \frac{5}{1} = \frac{5}{3} - \frac{5 \times 3}{3} = \frac{5}{3} - \frac{15}{3} = \frac{5-15}{3} = \frac{-10}{3}$

3. $E = 1 + \frac{1}{2} + \frac{1}{3} = \frac{1}{1} + \frac{1}{2} + \frac{1}{3} = \frac{2 \times 1}{2 \times 1} + \frac{1}{2} + \frac{1}{3} = \frac{2}{2} + \frac{1}{2} + \frac{1}{3} = \frac{2+1}{2} + \frac{1}{3}$

$= \frac{3}{2} + \frac{1}{3} = \frac{3 \times 3}{2 \times 3} + \frac{1 \times 2}{3 \times 2} = \frac{9}{6} + \frac{2}{6} = \frac{9+2}{6} = \frac{11}{6}$

FICHE 6

❶ $A = \frac{3}{4} \times \frac{16}{15} = \frac{3 \times 16}{4 \times 15} = \frac{48}{60} = \frac{8}{10} = \frac{4}{5}$

❷ $B = \dfrac{\frac{3 \times 8}{6}}{\frac{3}{4}} = \frac{3 \times 8}{6} \times \left(\frac{4}{3}\right) = \frac{24}{6} \times \frac{4}{3} = \frac{6 \times 4}{6 \times 1} \times \frac{4}{3} = \frac{4}{1} \times \frac{4}{3} = \frac{4 \times 4}{1 \times 3} = \frac{16}{3}$

3 1. Inverse de $C = \frac{9}{11}$: $B^{-1} = \frac{11}{9}$

2. Inverse de $D = \frac{5}{-6}$: $C^{-1} = \frac{-6}{5} = -1{,}2$

FICHE 7

1 1. Faux. $F = (-5)^5$: l'exposant est impair, donc F est négatif.
2. Vrai. $G = (-1)^6$: l'exposant est pair, donc G est positif.
3. Vrai. $H = (-10)^{10}$: l'exposant est pair, donc H est positif.

FICHE 8

1 a ; e.
2 1. $F = 150{,}220\ 13 = 1{,}502\ 201\ 3 \times 10^2$
2. $G = 0{,}001\ 502\ 2 = 1{,}502\ 2 \times 10^{-3}$
3. $H = 0{,}709\ 197\ 1 = 7{,}091\ 971 \times 10^{-1}$
4. $I = 27\ 011\ 974 = 2{,}701\ 197\ 4 \times 10^7$

FICHE 9

1 1. Si $x = 0$ et $y = -15$, alors $A = 3 \times 0 \times (-15) - 2 = 0 - 2 = -2$.
2. Si $x = 2$ et $y = -3$, alors $A = 3 \times 2 \times (-3) - 2 = -3 \times 2 \times 3 - 2 = -18 - 2 = -20$.
2 1. Faux. Pour $x = 1$, $B = 1^2 - 4 \times 1 + 5 = 1 - 4 + 5 = 2$.
2. Vrai. Pour $x = 0$, $B = 0^2 - 4 \times 0 + 5 = 0 - 0 + 5 = 5$.
3. Vrai. Pour $x = 3$, $B = 3^2 - 4 \times 3 + 5 = 9 - 12 + 5 = -3 + 5 = 2$.
3 1. $C = -0^2 + 0 + 1 = 1$
2. $C = -4 - 2 + 1 = -5$

FICHE 10

1 b. La forme développée et réduite de $A = -3(x + 5) = -3x - 3 \times 5 = -3x - 15$.
2 c. La forme développée et réduite de $B = 5(1 - x) = 5 \times 1 - 5 \times x = 5 - 5x$.
3 1. $A = x - (3x + 5) = x - 3x - 5 = -2x - 5$
2. $B = (x + 5)(2x + 3) = x \times (2x) + x \times 3 + 5 \times (2x) + 5 \times 3$
$= 2x^2 + 3x + 10x + 15 = 2x^2 + 13x + 15$
3. $C = (2x + 1)(x - 2) = 2x \times x + 2x \times (-2) + 1 \times x + 1 \times (-2)$
$= 2x^2 - 4x + x - 2 = 2x^2 - 3x - 2$

FICHE 11

1 1. $A = 8x - 64 = 8 \times x - 8 \times 8 = 8(x - 8)$
2. $B = 85x^2 - 2x = 85 \times x \times x - 2 \times x = x(85x - 2)$
3. $C = 3x - x^2 = 3 \times x - x \times x = x(3 - x)$

2 b. $D = (2x - 5) - (x + 3)(2x - 5) = (2x - 5) \times 1 - (x + 3) \times (2x - 5)$
$= (2x - 5)(1 - (x + 3)) = (2x - 5)(1 - x - 3) = (2x - 5)(-x - 2)$

3 $E = (2x - 5)(x + 1) - (2x - 5)^2 = (2x - 5) \times (x + 1) - (2x - 5) \times (2x - 5)$
$= (2x - 5)((x + 1) - (2x - 5)) = (2x - 5)(x + 1 - 2x + 5) = (2x - 5)(-x + 6)$

4 1. b – 2. b – 3. a.

FICHE 12

1 d. 1. On choisit x.
2. On le multiplie par 3 : $3x$.
3. On ajoute 5 : $3x + 5$.
4. On multiplie par –2 : $-2 \times (3x + 5)$.

2 Vrai. $(x + 1)(x - 1) - x^2 = x^2 - x + x - 1^2 - x^2 = 1^2 = 1$. Cette expression ne dépend pas de x.

FICHE 13

1 1. $3x + 5 = 0 \Leftrightarrow 3x = -5 \Leftrightarrow x = \dfrac{-5}{3}$
2. $2 - x = 5 \Leftrightarrow -x = 5 - 2 \Leftrightarrow -x = 3 \Leftrightarrow x = -3$
3. $5 + x = 7 + x \Leftrightarrow x = 7 + x - 5 \Leftrightarrow x - x = 2 \Leftrightarrow 0 = 2$, ce qui est impossible. Cette équation n'a donc pas de solution.

2 $2x + 3 = 5(x - 5) \Leftrightarrow 2x + 3 = 5x - 5 \times 5 \Leftrightarrow 2x + 3 = 5x - 25$

$\Leftrightarrow 2x = 5x - 25 - 3 \Leftrightarrow 2x - 5x = -28 \Leftrightarrow -3x = -28 \Leftrightarrow x = \dfrac{-28}{-3} = \dfrac{28}{3}$

3 b. Si $x = -3$, le membre de gauche vaut : $5x - 8 = 5 \times (-3) - 8$
$= -15 - 8 = -23$.
Le membre de droite vaut $2x + 1 = 2 \times (-3) + 1 = -6 + 1 = -5$.
Les deux membres ne sont pas égaux, –3 n'est donc pas solution de l'équation.

Si $x = 3$, le membre de gauche vaut $5x - 8 = 5 \times 3 - 8 = 15 - 8 = 7$.
Le membre de droite vaut $2x + 1 = 2 \times 3 + 1 = 6 + 1 = 7$.
Les deux membres sont égaux, 3 est donc solution de cette équation.

Partie 2 : Organisation et gestion de données

FICHE 15

1

Grandeur 1 Kg de cerises	2	3,5
Grandeur 2 Prix en €	11	?

On a : $? = \dfrac{11 \times 3{,}5}{2} = 19{,}25$.

Tu payeras donc 19,25 € pour 3,5 kg de cerises.

2

Grandeur 1 Quantité d'électricité en kwh	1	?
Grandeur 2 Tarif en €	0,1546	270,55

On a : $? = \dfrac{1 \times 270{,}55}{0{,}1546} = \dfrac{270{,}55}{0{,}1546} = 1\ 750$.

Tu as donc consommé 1 750 kwh.

3

Grandeur 1 Litres perdus	3	?
Grandeur 2 Nombre de jours	1	7

On a : $? = \dfrac{3 \times 7}{1} = 21$.

En une semaine, tu auras perdu 21 litres d'eau.

FICHE 16

1 1. 25 % de 500 $= \dfrac{25}{100} \times 500 = \dfrac{25 \times 500}{100} = \dfrac{12\ 500}{100} = 125$.

2. 75 % de 250 $= \dfrac{75}{100} \times 250 = \dfrac{75 \times 250}{100} = \dfrac{18\ 750}{100} = 187{,}5$.

3. 200 % de 25 $= \dfrac{200}{100} \times 25 = \dfrac{200 \times 25}{100} = \dfrac{5\ 000}{100} = 50$.

❷ On convertit d'abord le poids total en grammes : 1,5 kg = 1 500 g.

Grandeur 1 Sel	5	?
Grandeur 2 Poids total en grammes	100	1 500

On a alors : $? = \frac{5 \times 1500}{100} = \frac{7500}{100} = 75$. Ce produit contient donc 75 g de sel.

❸

Grandeur 1 Nombre de filles	15	?
Grandeur 2 Nombre total d'élèves	35	100

On a : $? = \frac{15 \times 100}{35} = \frac{1500}{35} \approx 42,86$. Il y a environ 42,86 % de filles dans cette classe.

FICHE 17

❶ La valeur minimale de la série est 10. La valeur maximale est 18. L'étendue vaut donc 18 – 10 = 8.

Valeurs	10	12	14	16	18
Effectifs	3	4	1	2	1
Effectifs cumulés croissants	3	7	8	10	11

On calcule $\frac{11}{2} = 5,5$. C'est la 6e valeur qui donne la médiane. Elle vaut donc 12.

❷ On utilise la formule :

$$\frac{10 \times 3 + 12 \times 4 + 14 \times 1 + 16 \times 2 + 18 \times 1}{3 + 4 + 1 + 2 + 1} = \frac{30 + 48 + 14 + 32 + 18}{11}$$

$\approx 12,9$.

La moyenne est donc d'environ 12,9.

FICHE 18

❶ L'évènement contraire à « Pile » est d'obtenir « Face », on a donc : p(« Pile ») + p (« Face ») = 1.

D'où p(« Face ») $= 1 - \frac{65}{100} = 0,35$.

2 1. Le dé est non truqué, il y a donc équiprobabilité. Chaque face a la même probabilité d'apparaître : $\frac{1}{6}$. Les multiples de 3 sont 3 et 6. On a alors : p(«multiple de 3») = $\frac{2}{6} = \frac{1}{3}$.

2. L'évènement est le contraire de l'évènement précédent. La probabilité vaut donc $1 - \frac{1}{3} = \frac{3}{3} - \frac{1}{3} = \frac{2}{3}$.

Partie 3 : Grandeurs et mesures

FICHE 20

1 a. Il faut d'abord utiliser une même unité de temps et convertir les kilomètres en mètres : 1 heure = 60 minutes = 3 600 secondes ; 1 km = 1 000 m.

Grandeur 1 Distance en m	30 000	?
Grandeur 2 Durée en s	3 600	2

On a alors : $? = \frac{2 \times 30\,000}{3\,600} = \frac{60\,000}{3\,600} \approx 16{,}67$.

2

Grandeur 1 Litres perdus	3	?
Grandeur 2 Durée en minutes	10	1

On a alors : $? = \frac{3 \times 1}{10} = \frac{3}{10} = 0{,}3$. Le débit de cette fuite est donc de 0,3 L/min.

3 1,6 h = 1 h + 0,6 h

0,6 h = 0,6 × 60 min = 36 min

1,6 h = 1 h 36 min

FICHE 21

1 1. Aire = 3 × 2 = 6 cm²

2. Aire = $\pi \times 2^2 = 4\ \pi$cm. On prend $\pi \approx 3{,}14$.

4 × 3,14 = 12,56. L'aire vaut environ 12,56 cm².

3. $\frac{8 \times 3}{2} = \frac{24}{2} = 12\ \text{cm}^2$

Corrigés

❷ 1. Une génératrice mesure 5 cm. Le rayon du disque de base mesure 3 cm. On est en présence d'un triangle rectangle dont on connaît la longueur de l'hypoténuse et la longueur d'un côté adjacent.
Utilisons le théorème de Pythagore : $5^2 = 3^2 + \text{hauteur}^2 \Leftrightarrow 25 = 9 + \text{hauteur}^2 \Leftrightarrow \text{hauteur}^2 = 25 - 9 = 16$. Le carré de 16 étant 4, on a donc une hauteur de 4 cm.
On utilise la formule : $\dfrac{\text{Aire de la base} \times \text{hauteur}}{3}$. Aire de la base = $\pi \times 3^2$.

Volume = $\dfrac{\pi \times 3^2 \times 4}{3} = 12\pi$ cm³.

2. La base est un carré de longueur de côté 3 cm, son aire vaut donc 9 cm².

Volume = $\dfrac{9 \times 5}{3} = \dfrac{45}{3} = 15$ cm³.

Partie 4 : Espace et géométrie

FICHE 22

❶ ABC est un triangle rectangle en A. D'après le théorème de Pythagore, $BC^2 = BA^2 + AC^2$. D'où $BC^2 = 5^2 + 8^2 = 25 + 64 = 89$.
$BC = \sqrt{89} \approx 9,4$ cm.

❷ Le côté le plus long est BC. $BC^2 = 7^2 = 49$.
$BA^2 + AC^2 = 3^2 + 5^2 = 9 + 25 = 34$.
On remarque que $BC^2 \neq BA^2 + AC^2$. Le triangle ABC n'est donc pas un triangle rectangle.

FICHE 23

❶ Le côté le plus long est [BC]. On a $BC^2 = 13^2 = 169$.
$BA^2 + AC^2 = 5^2 + 12^2 = 25 + 144 = 169$.
On a bien $BC^2 = BA^2 + AC^2$. D'après la réciproque du théorème de Pythagore, le triangle ABC est rectangle en A.
❷ 1. AB = 6 cm, AC = 10 cm et BC = 12 cm. Le côté le plus long est [BC].
$BC^2 = 144$.
$BA^2 + AC^2 = 6^2 + 10^2 = 36 + 100 = 136$.
On remarque que $BC^2 \neq BA^2 + AC^2$. Le triangle ABC n'est donc pas un triangle rectangle.
2. AB = 8 cm, AC = 15 cm et BC = 17 cm. Le côté le plus long est [BC].
$BC^2 = 289$.

On a $BA^2 + AC^2 = 8^2 + 15^2 = 64 + 225 = 289$.

On remarque que $BC^2 = BA^2 + AC^2$. D'après la réciproque du théorème de Pythagore, le triangle ABC est donc un triangle rectangle.

3 1. a – 2. b – 3. a.

FICHE 24

1 1. $\cos 5° \approx 1$ – 2. $\cos 50° \approx 0{,}64$ – 3. $\cos 4° \approx 1$

4. $\cos 40° \approx 0{,}77$ – 5. $\cos 80° \approx 0{,}17$.

2 On tape [2nde] [cos] 0,4 [EXE]. On obtient 66,4218215217.

L'arrondi au degré près de l'angle x est donc 66°.

3 1. $\cos^2 25° = (\cos 25°)^2$

En utilisant la calculatrice on obtient 0,8213938048.

L'arrondi au degré près de l'angle x est donc 0,8.

2. $\cos^2 65° = (\cos 65°)^2$

En utilisant la calculatrice, on obtient 0,1786061951.

L'arrondi au degré près de l'angle x est donc environ 0,2.

3. $\cos^2 25° + \cos^2 65° = 1$

FICHE 25

1 c. Le triangle BON est rectangle en O. On utilise donc le cosinus :

$\cos(\widehat{BNO}) = \frac{NO}{BN}$. On remplace les lettres par les valeurs connues :

$\cos(30°) = \frac{5}{BN}$.

On a donc $BN = \frac{5}{\cos(30°)}$.

2 Le triangle BON est rectangle en O : on peut donc appliquer le théorème de Pythagore.

$BN^2 = BO^2 + ON^2$. On remplace par les valeurs connues :

$$\left(\frac{5}{\cos(30°)}\right)^2 = BO^2 + 5^2 \Leftrightarrow \frac{25}{\cos^2 30°} = BO^2 + 25$$

$$BO^2 = \frac{25}{\cos^2 30°} - 25$$

$$BO = \sqrt{\frac{25}{\cos^2 30°} - 25}.$$

Avec la calculatrice, on obtient : 2,8867513459481288225457439025098.

D'où $OB \approx 2{,}9$.

Corrigés

FICHE 26

❶ **1.** Si $\cos(x) = 0{,}3$, l'utilisation de la calculatrice nous donne à l'affichage : 72,542396876277907709753954207555.
D'où $x \approx 73°$.
2. Si $\cos(x) = 0{,}5$, l'utilisation de la calculatrice nous donne à l'affichage : 60.
D'où $x = 60°$.
3. Si $\cos(x) = 0{,}8$, l'utilisation de la calculatrice nous donne à l'affichage : 36,869897645844021296855612559093.
D'où $x \approx 37°$.

❷ **1.** L'hypoténuse est [BC], le côté adjacent à l'angle $\widehat{ABC}$ est [AB].
En utilisant le cosinus, on obtient : $\cos\widehat{ABC} = \dfrac{AB}{BC} = \dfrac{4}{5} = 0{,}8$.
L'utilisation de la calculatrice nous donne comme résultat 36,869897645844021296855612559093. D'où $\widehat{ABC} \approx 37°$.

2. Dans un triangle rectangle, les angles non droits sont complémentaires, on a donc $\widehat{ABC} + \widehat{BCA} \approx 90°$.
$\widehat{BCA} \approx 90° - 37° \approx 53°$

FICHE 27

1. $\dfrac{AN}{AC} = \dfrac{AM}{AB} = \dfrac{NM}{CB}$

2. On peut utiliser le théorème de Thalès. En effet, les droites (AB) et (ED) sont toutes deux perpendiculaires à (BC) : elles sont donc parallèles.
On a alors : $\dfrac{CD}{CA} = \dfrac{CE}{CB} = \dfrac{DE}{AB}$.

FICHE 28

❶ **1.** b – **2.** b.

❷ Vrai. 390° = 360° + 30° et 360° correspond à un tour complet autour de O.

FICHE 29

❶ **1.** Il s'agit d'un parallélépipède rectangle.
2. Il s'agit d'une pyramide à base hexagonale.
3. Il s'agit d'un cône de révolution.

FICHE 30

❶ **1.** a – **2.** c – **3.** c – **4.** b.

Partie 5 : Algorithmique et programmation

FICHE 32

❶ a.

L'instruction a. calcule d'abord 5×20, puis ajoute 3 au résultat et ôte 8 au nouveau résultat.

Elle calcule donc $5 \times 20 + 3 - 8 = 3 + 5 \times 20 - 8$.

L'instruction b. calcule en premier $20 - 8$, puis multiplie le résultat par 5 et ajoute enfin 3 au résultat. Elle calcule donc $3 + 5 \times (20 - 8)$.

❷

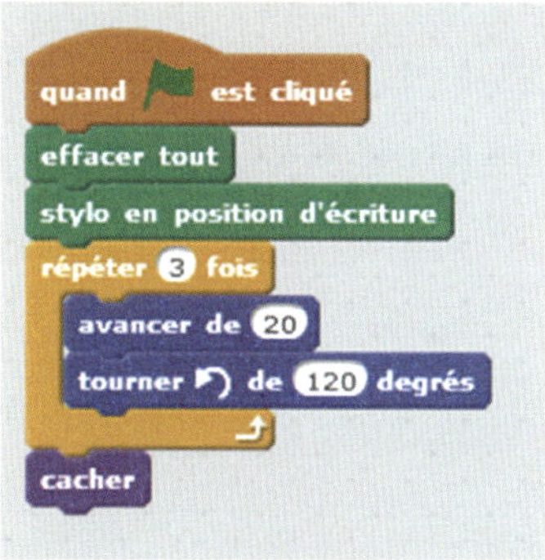

Corrigés

Formulaire

1. Opérations

• **Règle des signes pour le produit ou le quotient :** si le nombre de facteurs négatifs est pair, le résultat est positif. Dans le cas contraire, il sera négatif.

• **Fractions :** $\frac{a}{b} + \frac{c}{b} = \frac{a+c}{b}$ et $\frac{a}{b} \times \frac{c}{d} = \frac{a \times c}{b \times d}$ avec b et d non nuls.

Distributivité :

– simple : $k(a+b) = ka + kb$;

– double : $(a+b)(c+d) = ac + ad + bc + bd$.

• **Puissances :** sachant que a est non nul, on a alors $a^0 = 1$, $a^1 = a$ et a^n = produit de n facteurs égaux à a.

• **Pourcentages :** t % de a vaut $\frac{t \times a}{100}$.

• **Vitesse :** $\frac{\text{distance parcourue}}{\text{durée du parcours}}$

• **Statistiques :**

– médiane : valeur qui partage la série ordonnée en deux séries de même effectif.

– moyenne : $\frac{\text{somme de toutes les valeurs}}{\text{nombre total de valeurs}}$

2. Géométrie

• **Pythagore :** dans un triangle rectangle ABC, le carré de l'hypoténuse vaut la somme des carrés des deux autres côtés, soit $BC^2 = BA^2 + AC^2$.

• **Cosinus :** $\frac{\text{longueur du côté adjacent à l'angle}}{\text{longueur de l'hypoténuse}}$

• **Thalès :** dans un triangle ABC, si une droite MN est parallèle à BC avec $M \in AB$ et $N \in AC$, alors $\frac{AM}{AB} = \frac{AN}{AC} = \frac{MN}{BC}$.

Anglais

Welcome to my world!

This is my hometown!

I'm a time traveller!

Guess what just happened to me!

I'm throwing a party!

My best summer holidays

My memo cards

Je décris une personne : *to have/to be*

FICHE 1

1 Texte : *My best friend*

Let me introduce you to May Lawrence. She's my best friend!

May's surname is Lawrence. We're in the same class. Her mum is Italian and her dad is Irish. May and I live in the same building. She's on the 3rd floor and I'm on the 1st floor. We walk to school together every day.

→ She's very good at: chess, quizzes, imitating our friends and telling thrilling stories.

→ She's very bad at: badminton, drawing, organising parties and playing the guitar.

2 *To have* ou *to be* ?

En écrivant ou en lisant un texte en anglais, tu rencontreras certainement des expressions construites avec le verbe ***to be*** là où tu utiliserais le verbe « avoir » en français.

Exemples :

*You **are** lucky!* → Tu **as** de la chance !

*She **is** fifteen years old.* → Elle **a** quinze ans.

*They **are** hungry and thirsty.* → Ils **ont** faim et soif.

*I **am** cold/hot.* → J'**ai** froid/chaud.

Méthode

Conjugaison des verbes *to have* et *to be* au présent

To have		*To be*	
I **have (got)**	We **have (got)**	I **am**	We **are**
You **have (got)**	You **have (got)**	You **are**	You **are**
He/She/It **has (got)**	They **have (got)**	He/She/It **is**	They **are**

Attention

Have got permet d'exprimer l'idée de possession. Cette forme ne s'utilise qu'au présent.

3 Vocabulaire

In English	En français
to introduce someone	présenter quelqu'un
surname	nom de famille
first name	prénom
the floor	l'étage
chess	les échecs
thrilling	passionnant, palpitant
to draw	dessiner
a mark	une note

Exercices

→ Corrigés page 231

1 Complète le texte en utilisant *be* ou *have* suivant le sens de la phrase.

Tom .... (1) my best friend. He .... (2) tall. He .... (3) brown eyes and red hair. He .... (4) always hungry, so he eats a little something each time we have a break during the day. He .... (5) a younger sister called Bess. She .... (6) ten. Tom .... (7) excellent marks in biology. He loves it!

2 Coche l'adjectif qui permet de compléter la phrase.

1. May is great at imitating our friends. She's ......

a. ☐ boring. b. ☐ cautious. c. ☐ hilarious.

2. Everybody loves playing chess with May. They admire how .... she is at deducting things.

a. ☐ bad b. ☐ good c. ☐ unsure

3. When May plays the guitar, we all walk out of the room. She's so .... !

a. ☐ bad b. ☐ great c. ☐ good

FICHE 2

Le présent simple

1 Utiliser le présent simple

Le présent simple sert à exprimer : une habitude, une opinion, une généralité, une vérité scientifique, une information ou un horaire.

Méthode

Construction du présent simple

Affirmation	Négation	Interrogation
sujet + base verbale (sauf à la 3e personne du singulier où l'on ajoute *-s* ou *-es*)	sujet + auxiliaire *do* + ***not*** (sauf à la 3e personne du singulier où l'on utilise *does* + ***not***)	auxiliaire *do* + sujet + base verbale (sauf à la 3e personne du singulier où l'on utilise l'auxiliaire *does*)

Exemples :

My mother brings her own bag when she goes shopping.

I think I'm right to turn off the lights when I leave my room.

*Do you keep your old clothes? No, I do**n't**. My parents take them to a charity shop.*

2 Vocabulaire

In English	En français
to share	partager
to turn off	éteindre
a charity shop	une boutique solidaire
the 3Rs: *Reduce* *Reuse* *Recycle*	les 3 R : Réduire Réutiliser Recycler
a flask	une gourde
rubbish	les déchets
in my opinion	à mon avis

Exercices

→ Corrigés page 231

❶ Entoure la traduction qui convient pour chaque terme numéroté.

1. partager/publier/écrire
2. selon l'opinion générale/ à mon avis
3. déchets/poubelle/jetable
4. pour moi/en ce qui me concerne/avec moi
5. une gourde/un flash/ une goutte
6. plus de/autant de/ moins de

I'd like to share (1) my experience of the 3Rs with you and your readers. In my opinion (2), the best method to reduce our quantity of rubbish (3) is to use less plastic bags, for example. As for me (4), I take a flask (5) of water to school instead of a small plastic bottle of water. By reducing my quantity of plastic, I create less (6) rubbish and by making less rubbish in the first place, there's less mess to clean up!

❷ Coche les verbes qui permettent de compléter chaque phrase.

1. .... your big brother .... the 3Rs?

a. ▢ do – do　b. ▢ do – does　c. ▢ does – do

2. No, my parents .... equipment made from recycled materials.

a. ▢ do buy　b. ▢ don't buy　c. ▢ doesn't buy

3. My sister regularly .... her old clothes to her friends. She .... a big party and all her friends .... over and .... up what they like!

a. ▢ gives – organises – come – pick

b. ▢ gives – organises – comes – picks

c. ▢ give – organise – comes – pick

Je mène l'enquête : les questions ouvertes et fermées

FICHE 3

1 Les questions

- Il existe deux types de questions en anglais :
– les questions **fermées** : les questions auxquelles on ne peut répondre que par « oui » ou par « non » ;
– les questions **ouvertes** : pour répondre à ce type de question, on doit apporter plus de précisions et d'informations.
- Les questions ouvertes sont aussi appelées ***wh- questions*** en raison de leur construction à l'aide d'un pronom interrogatif.

Mot interrogatif en *wh-* ou *how*	+	Auxiliaire	+	Sujet	+	Verbe
Where	+	*does*	+	*she*	+	*work?*

Exemples :

Where does Sherlock live? → He lives in New York.

How many cases has Sherlock solved so far? → Hundreds!

Who is the new Dr Watson? → She was a surgeon. Now she's helping Watson with his investigations.

What are Sherlock's best qualities? → His deductive abilities. He's a deductive genius!

Attention

Les questions ouvertes ne se construisent pas toujours avec un auxiliaire : *What happened?* → Que s'est-il passé ?

Principaux pronoms interrogatifs	Permet d'interroger sur...
what	la nature
who	l'identité
where	le lieu
when	le temps
why	la cause
how *how often* *how much/many*	la manière la fréquence la quantité

2 Vocabulaire

In English	En français
a case	une affaire (policière)
an investigation	une enquête
deductive abilities	capacités de déduction
a surgeon	un chirurgien
a genius	un génie
to solve a case	résoudre une affaire
to move	déménager

Exercices

→ Corrigés page 231

1 Complète les phrases suivantes à l'aide du pronom interrogatif qui convient.

a. What b. When c. Where
d. Who e. How

1. .... created the character of Sherlock Holmes?
2. .... did Sherlock move to New York?
3. .... did Sherlock and Moriarty – his biggest enemy! – meet for the first time?
4. .... do Sherlock and Watson work together?
5. .... is Sherlock's famous method to solve cases?

2 Une erreur s'est glissée parmi les questions suivantes. Souligne-la et propose une correction.

"This is elementary my dear Watson! You just need to ask yourself three questions: why did our suspect clean the room? When he meet the victim? And... where did he hide the money?"

....

....

Je réconcilie mes amis : les sentiments et les mots de liaison

FICHE 4

1 Texte : *Kim and Tom*

Dear Marge,

Kim and Tom are my best friends but they don't want to see each other anymore. I don't know what happened. I asked Kim why but she refused to answer. She looked desperate. Then I asked Tom but he also refused to answer. He looked so sad!

What can I do?

Bob

2 Les mots de liaison

- Dans sa lettre, Bob utilise certains mots de liaison pour bien expliquer la situation.
- Les **mots de liaison** sont des termes qui permettent de **construire un récit** ou **une argumentation**.

Ils servent à **mettre en relation** plusieurs parties d'un texte.

Exemple : *I asked Kim why **but** she refused to answer.*

Méthode — Connaître les principaux mots de liaison

In English	En français
so	donc
in fact, actually	en fait, en réalité
but	mais
yet, however	cependant
besides, moreover	de plus
consequently, therefore	par conséquent

3 Vocabulaire

In English	En français
desperate	désespéré
sad	triste
upset	bouleversé
exhausted	épuisé
optimistic ≠ pessimistic	optimiste ≠ pessimiste
to feel lonely	se sentir seul
friendly	sympathique
to be angry with somebody	être en colère contre quelqu'un

Exercices

→ Corrigés page 231

1 Voici la réponse de Marge à Tom. Parmi les mots de liaison proposés, entoure celui qui convient.

Dear Bob,

Actually/Yet/Therefore (1) the best thing to do is certainly to ask Kim and Tom what went wrong. But/Therefore/However (2) I advise you to arrange a meeting with Kim and Tom and ask them what the problem is. If they refuse, I advise you to organise two separate meetings and ask them the exact same questions. Actually/But/Consequently (3) you'll have Kim's point of view and Tom's point of view. But don't choose Kim's or Tom's! Don't forget that your objective is to reconcile them, so/yet/besides (4) make sure you help them be best friends again!

Good luck!
Marge

2 Complète les phrases avec l'adjectif qui convient.

a. optimistic b. desperate c. exhausted d. upset

1. Kate wants to contact John. She sent him a text message and left a message on his voicemail. No answer! She's feeling ....
2. Terry woke up at 5 am and worked till 9 pm. She's ....

BILAN

Welcome to my world!

FICHE 5

MÉMO

THÈMES clés

To have/to be : fiche 1
Le présent simple : fiche 2
Les questions ouvertes et fermées : fiche 3
Les mots de liaison et le vocabulaire des sentiments : fiche 4

MOTS clés

To introduce someone: présenter quelqu'un
First name: prénom
Surname: nom de famille
To share: partager
To solve a case: résoudre une affaire
Actually: en réalité, en fait

SCHÉMA-BILAN

Le présent simple

Dans quelles situations utiliser le présent simple ?

- **Un horaire**
  Ex. : The museum closes at 6 pm.
- **Une information sur l'identité**
  Ex. : My name is Emma.
- **Une habitude**
  Ex. : I go to school every day.
- **Une opinion**
  Ex. : I don't like this book.
- **Une généralité**
  Ex. : Cats always land on their paws.
- **Une vérité scientifique**
  Ex. : The Earth revolves around the Sun.

Je décris ma ville (1) : le superlatif des adjectifs

FICHE 6

1 Texte : *Welcome to Sydney!*

Alice is preparing a presentation about Sydney, her hometown. Have a look at her notes!

Sydney is the largest city in Australia but it isn't the capital city! Our most famous building is the Opera House. There are over 100 beaches in Sydney! The most famous beaches are Bondi and Manly.

On New Year's Eve, amazing fireworks illuminate Sydney's Harbour Bridge.

2 Les adjectifs à la forme superlative

• Tu remarqueras qu'Alice utilise deux adjectifs à la **forme superlative** :
- *the largest city* ;
- *the most famous beaches.*

• On utilise la forme superlative d'un adjectif pour le comparer aux autres éléments d'une phrase. Le superlatif exprime une **caractéristique à son degré le plus, ou le moins, élevé**.

Exemple : *the **largest** city* → la **plus grande** ville

*the **least popular** beach* → la plage **la moins appréciée**

Méthode

Le superlatif des adjectifs

Superlatif de supériorité		
Adjectifs courts (une syllabe)	Adjectifs longs en *-y* (deux syllabes ou plus)	Adjectifs longs (deux syllabes ou plus)
the + **adjectif** *-est* *Ex. : the **great**est.*	*the* + **adjectif** *-iest* *Ex. : the **eas**iest.*	*the* + ***most*** + adjectif *Ex. : the **most** generous.*

• Attention, il existe des **exceptions** à cette règle :
- *good* → *the best* ;
- *bad* → *the worst.*

• Superlatif d'infériorité : *the* + ***least*** + adjectif.

3 Vocabulaire

a. Les superlatifs

In English	En français
large → the largest	le plus grand/gros
big → the biggest	le plus grand/gros
happy → the happiest	le plus heureux
small → the smallest	le plus petit
beautiful → the most beautiful	le plus beau
famous → the most famous	le plus célèbre

b. La ville de Sydney

In English	En français
an opera house	l'opéra (le lieu)
a harbour	un port
a bridge	un pont
fireworks	un feu d'artifice

Exercices

→ Corrigés page 232

1 Complète les phrases en utilisant le superlatif de supériorité des adjectifs indiqués.

1. Alice says that Sydney has .... (beautiful) beaches in Australia.
2. Sydney is famous for being .... (safe) city in Australia.
3. To Alice, the Sky rail to the Blue Mountains is .... (good) ride!

2 Barre la phrase dans laquelle l'adjectif au superlatif est incorrect et propose une correction.

1. I'm the happiest girl in the world!
2. What is the bigest amusement park in Sydney?
3. This is the worst cake I've ever eaten!

Correction : ....

Je décris ma ville (2) : le comparatif des adjectifs

FICHE 7

1 L'adjectif à la forme comparative

Il existe trois manières de comparer les adjectifs en anglais :
- le comparatif d'**égalité** ;
- le comparatif de **supériorité** ;
- le comparatif d'**infériorité**.

Exemples :

Manly Beach is not as close to the city centre as Bondi.

With its numerous beaches, Manly is more attractive than The Rocks.

Manly beach is less close to the city centre than Bondi.

Méthode

Comment former le comparatif des adjectifs

	Adjectifs courts (une syllabe)	Adjectifs longs en -y (deux syllabes ou plus)	Adjectifs longs (deux syllabes ou plus)
Comparatif d'égalité	*as* + adjectif + *as*		
Comparatif de supériorité	adjectif *-er* + *than* *Ex. : closer than.*	adjectif *-ier* + *than* *Ex. : happier than.*	*more* + adjectif + *than*
Comparatif d'infériorité	*less* + adjectif + *than*		

Attention, il existe des **exceptions** à cette règle :
- *good* → *better than* ;
- *bad* → *worse than* ;
- *far* → *farther/further than.*

2 Vocabulaire

In English	En français
numerous	nombreux
the beach	la plage
the city centre	le centre-ville
sunny	ensoleillé
exciting	passionnant
to ride a bike	faire du vélo
everyday life	la vie quotidienne
friendly	sympathique, chaleureux
attractive	attirant
lively	vivant, animé

Exercices

→ Corrigés page 232

1 Complète les phrases en utilisant les comparatifs de supériorité des adjectifs indiqués.

1. It is .... (sunny) in Australia .... in England!

2. Manly is .... (far) from the city centre .... The Rocks.

3. There are so many parks in Sydney. That city is .... (green) .... New York!

4. Alice says it is .... (exciting) to ride your bike than to take the bus.

2 Il manque un terme dans le texte suivant. Entoure-le et indique l'emplacement où il devrait se trouver.

a. friendlier b. than c. better d. more

Alice really enjoys her everyday life in Sydney. She thinks it is a friendlier city than Melbourne where she used to live before. Alice and her friends ride their bikes to go to school. It's so cool! Riding your bike is better waiting for the bus! And guess what they do after school? They cycle to the beach. The beaches are really larger there than in England.

Je guide quelqu'un dans une exposition : le présent en *-ing*

FICHE 8

1 Texte : *Visit Madame Tussauds London*

"Ladies and Gentlemen, welcome to Madame Tussauds! Madame Tussauds is a wax museum. This is the 23rd wax model of The Queen. Her Majesty is wearing a white and silver dress.

When somebody agrees to be part of Madame Tussauds, we arrange a meeting and take his or her measurements."

2 Le présent simple et le présent en *-ing*

a. Emploi

- Dans son discours de bienvenue, Mme Morse, guide au musée de cire Madame Tussauds, à Londres, utilise le **présent simple** (→ *voir fiche 2*) et le **présent en *-ing***.
- **Pour décrire** la statue de cire de la reine, elle utilise le **présent en *-ing***.

Exemple : *Her Majesty **is** wear<u>ing</u> a white and silver dress.*

- **Pour expliquer une méthode** de travail (une habitude), elle utilise le présent simple.

Exemple : *It take<u>s</u> about 150 measurements to create a wax model.*

Méthode

Employer le présent en *-ing*

Le présent en *-ing* s'emploie pour :
- apporter des **explications sur une action en cours** ;
- parler d'un **projet à venir**.

b. Construction du présent en *-ing*

Be conjugué au présent	+	Base verbale + *-ing*
I am		*work**ing***

3 Vocabulaire

In English	En français
a wax museum	un musée de (statues de) cire
a meeting	un rendez-vous, une réunion
measurements	mesures, mensurations
a wax figure	une statue de cire
Tinkerbell	la fée Clochette (dans *Peter Pan*)
the Royals	les membres de la famille royale

Exercice

→ Corrigés page 232

1 Coche la situation qui permet de justifier le temps employé (présent simple ou présent en *-ing*).

1. Tinkerbell is the smallest wax figure.

a. ☐ caractéristique b. ☐ action en cours
c. ☐ habitude

2. A new museum is opening next year.

a. ☐ vérité scientifique b. ☐ projet d'avenir
c. ☐ action en cours

3. Two new groups of visitors are entering the museum.

a. ☐ généralité b. ☐ habitude
c. ☐ action en cours

4. Mrs. Morse works as a guide for Madame Tussauds London.

a. ☐ sentiment b. ☐ information sur l'identité
c. ☐ opinion

5. People always take selfies, posing with the Royals.

a. ☐ habitude b. ☐ projet d'avenir
c. ☐ vérité scientifique

Je guide quelqu'un dans un magasin : les prépositions

FICHE 9

1 Texte : *January sales in London*

In London, January sales are a crazy period! Every January, people come from all over England to buy clothes for a cheaper price.

"Good morning Miss, welcome to Best! May I help you?"

"Sure! I'm looking for a dress…"

"It's our sales period. We have amazing reductions on dresses! This way please."

"This one looks great."

"It's superb. Which size are you?"

"8"

"Here you are. The fitting rooms are on the second floor."

"Thank you very much!"

2 Les prépositions

Les prépositions ne sont pas toujours utilisées de façon identique en français et en anglais. Voici un récapitulatif de quelques prépositions essentielles.

In English	En français
I'm looking for a dress.	Je cherche Ø une robe.
We have reductions on dresses.	Nos robes sont en solde.
Our dresses are Ø 70% off.	Nos robes sont à moins 70 %.
The fitting rooms are on the second floor.	Les cabines d'essayage sont au deuxième étage.
He answers Ø the client's questions.	Il répond aux questions de la cliente/du client.
You'll save up to 50%!	Vous économiserez jusqu'à 50 % (du prix) !

3 Vocabulaire

In English	En français
a shop assistant	un vendeur
a customer	un client
reductions, sales	les soldes
the fitting rooms	les cabines d'essayage
the size	la taille
the hangers	les cintres
a tag	une étiquette
a department	un rayon

Exercices

→ Corrigés page 232

1 Coche la préposition qui permet de compléter la phrase.

1. The fitting rooms are .... the third floor.

a. ☐ for b. ☐ on c. ☐ off

2. Is there any reduction .... this jumper?

a. ☐ for b. ☐ on c. ☐ off

3. Absolutely! This jumper is 80% ....

a. ☐ for b. ☐ on c. ☐ off

4. Could you help me, please? I'm looking .... a pair of shoes.

a. ☐ for b. ☐ on c. ☐ off

2 Jenny explique le fonctionnement de la boutique à son nouveau collègue. Complète ses explications en choisissant parmi les adjectifs ci-dessous.

a. hangers b. reduction c. off d. tags e. department

Look, Philip. This is the shoe .... (1). All the shoes are 60% .... (2). Now, the fitting rooms. You need to put all the clothes back on their .... (3). The sizes are indicated on the .... (4). If a customer buys two of these same trousers, there's an extra .... (5) of 20%.

This is my hometown!

FICHE 10

MÉMO

THÈMES clés

Les adjectifs à la forme superlative : fiche 6
Les adjectifs à la forme comparative : fiche 7
Le présent simple et le présent en *-ing* : fiche 8
Les prépositions : fiche 9

MOTS clés

The most famous: le plus célèbre
The beach: la plage
A meeting: un rendez-vous, une réunion
Reductions, sales: les soldes
The size: la taille

SCHÉMAS-BILANS

Le comparatif des adjectifs

	Adjectifs courts	Adjectifs en *-y*	Adjectifs longs
Comparatif d'égalité		***as*** + adjectif + ***as***	
Comparatif de supériorité	**adjectif** ***-er*** + *than*	**adjectif** ***-ier*** + *than*	***more*** + adjectif + ***than***
Comparatif d'infériorité		***less*** + adjectif + ***than***	

Le superlatif des adjectifs

Supériorité			Infériorité
Adjectifs courts	Adjectifs en *-y*	Adjectifs longs	
the + **adjectif** ***-est***	*the* + **adjectif** ***-iest***	*the* + ***most*** + **adjectif**	*the* + ***least*** + adjectif

Je parle du passé : le prétérit

FICHE 11

1 Texte : *Back to the fifties*

Let's imagine you were born in the fifties! What did you do when you were a teenager?

3 facts:

→ You didn't buy milk from the supermarket. The milkman delivered your milk bottles on your doorstep before dawn.

→ You didn't watch a programme on your computer. You watched colour television and that was so modern!

→ You knew nothing about Willow Shields (*The Hunger Games*) but you probably knew everything about Audrey Hepburn!

2 Le prétérit

a. Emploi

- Si tu es né(e) dans les années 1950, ton adolescence n'est plus d'actualité. Pour en parler, tu dois utiliser le **prétérit**. On l'utilise pour exprimer tout ce qui est **passé**, **daté** et **terminé**.
- Il permet d'exprimer des **faits passés et révolus**.

b. Construction

Forme affirmative	Forme négative	Forme interrogative
– sujet + base verbale + *-ed* ou sujet + forme irrégulière du verbe (→ *voir fiches n° 32-34*)	– sujet + *did* + *not* + base verbale	– *did* (+ *not*) + sujet + base verbale

Exemples :

- Verbe régulier → *In the 1950s, teenagers listened to their 45s. They didn't listen to disco or to rap music yet. Did they listen to reggae? No, that didn't exist at the time!*
- Verbe irrégulier → *In the 1950s, people drank full-fat milk. They generally didn't drink semi-skimmed milk.*

3 Vocabulaire

In English	En français
the milkman	le laitier
on/at the doorstep	sur le pas de la porte
at dawn	à l'aube
a 45	un 45 tours
full-fat milk	du lait entier
a milk cart	une charette à lait
a commercial	une publicité

Exercices

→ Corrigés page 233

1 Souligne les groupes verbaux au prétérit. Pense à bien souligner tous les éléments de chaque groupe que tu repères.

In the fifties in England, the milkman had a milk cart and his best friend was the horse that drew the cart full of bottles of milk. Adults drank milk every day at the time. On the radio, you could hear lots of commercials encouraging you to drink several glasses of milk a day.

2 Coche la forme verbale qui permet de compléter la phrase.

1. Audrey Hepburn .... in many famous films.

a. ☐ plays b. ☐ play c. ☐ played

2. There .... as many cars as today so children .... play in the streets.

a. ☐ were – did b. ☐ weren't – could c. ☐ weren't – didn't

3. Sometimes you .... your telephone line with your neighbours.

You all .... different numbers but it .... the same line.

a. ☐ shared – had – was

b. ☐ shared – had – wasn't

c. ☐ shared – have – was

Je demande confirmation : les *question tags* au prétérit

FICHE 12

1 Texte : *Travel back in time and interview Christopher Columbus!*

You	Christopher Columbus
Sir, you wanted to reach Japan, didn't you?	Yes, I did. That was my intention.
But you reached the New World, didn't you?	Yes, I did. I reached San Salvador.
Did you know that Vikings explorers had already explored that part of the world?	No, I didn't. Are you sure about that?
Yes, I am. You started your voyage in 1492, on August 3rd, didn't you?	Yes, I did and I found a new land 36 days later.

2 Les *question tags*

a. Emploi

• Tu as pu remonter dans le temps jusqu'au xve siècle et interviewer Christophe Colomb ! Pour cela, tu as dû utiliser le **prétérit** (→ *voir fiche 11*) et les ***question tags***.

• Les ***question tags*** se placent à la fin d'une question, après une virgule. Ils permettent de **demander confirmation** ou de **vérifier une information**.

b. Construction

• Si la première partie de la question est **à la forme affirmative**, le *question tag* prend la **forme négative**.

| Exemple : *You thought it was a shortcut to China, **didn't** you? Yes, I **did**.*

• Si la première partie de la question est **à la forme négative**, le *question tag* prend la **forme affirmative**.

| Exemple : *You **didn't** believe that the Earth was flat, **did** you? No, I didn't.*

- L'auxiliaire *do* (ici, au prétérit, *did*) se place avant le **sujet**.
- La réponse au *question tag* est toujours courte : Yes/No + **sujet** + auxiliaire **do**.

Exemple : *Christopher Columbus didn't see the land that is now called the United States of America, **did he**? No, **he didn't**. He discovered the islands that we call the West Indies.*

3 Vocabulaire

In English	En français
to reach	atteindre
the New World	le Nouveau Monde
an explorer	un explorateur
flat	plat
a shortcut	un raccourci
to trade	faire du commerce
to sail	naviguer

Exercices

→ Corrigés page 233

1 Souligne les *question tags* dont l'utilisation est correcte et barre ceux qui sont mal utilisés.

1. Columbus wanted to find a new Silk Road, didn't he?
2. He knew the world was round, did he?
3. So, he had the idea of travelling west to reach the east, did he?
4. He wanted to explore and to trade, didn't he?

2 Les questions du journaliste sont mal construites. Remets les mots dans l'ordre !

1. didn't you, you wanted to try a new sea route?

....

2. you didn't sail did you round the coast of Africa?

....

Je parle d'évènements passés : le prétérit continu et le *past perfect*

FICHE 13

1 Les temps du passé

Prétérit →	Action passée, datée, achevée
Prétérit continu →	Déroulement de l'action dans le passé
Past perfect →	Action antérieure dans le passé

2 Emploi

- L'emploi du **prétérit continu** nécessite un **repère** dans le temps qui soit un moment du **passé**.

Exemple : *"What were you doing last Monday at 5 pm?"*
"I was doing my homework."

- L'emploi du ***past perfect*** a une valeur de **résultat** dans le **passé**.

Exemple : *He had fixed his bike so he was able to cycle to the gym.*

Méthode

Construire le prétérit continu et le *past perfect*

Prétérit continu	*Past perfect*
sujet + *was*/*were* + base verbale + *-ing*	sujet + *had* + participe passé du verbe

3 Vocabulaire

In English	En français
to do one's homework	faire ses devoirs
to fix	réparer
to cycle	faire du vélo

Exercices

→ Corrigés page 233

❶ Conjugue les formes verbales au temps passé qui convient.

1. Who is ruling the United States in 2016?

....

2. Has Bell already invented the telephone in 1750?

....

3. Where do the delegates meet to sign the 1776 Declaration of Independence?

....

4. Where does Obama go to receive his Nobel Prize?

....

❷ Souligne les groupes verbaux qui sont conjugués au prétérit continu.

Yesterday, I was hosting the BBC usual quiz when all the lights went out! The audience panicked and everybody was trying to reach for their mobiles. Fortunately, a technician managed to replace the fuse and the show could resume.

❸ Coche la forme verbale qui permet de compléter la phrase.

1. The game .... when one of the candidates left the set!

a. ☐ had started b. ☐ started c. ☐ starts

2. TV quizzes .... already popular in the seventies.

a. ☐ were b. ☐ had been c. ☐ are

3. Actually, everybody in the audience .... at that candidate who became more and more nervous.

a. ☐ laughed b. ☐ laughs c. ☐ was laughing

Je situe mon message dans le temps : les marqueurs de temps

FICHE 14

1 Les marqueurs et expressions de temps

Pour **exprimer des faits selon une chronologie** et aborder des évènements, il faut connaître un certain nombre d'expressions ou de marqueurs de temps.

Exemple : *In 1969, three men were sent up into space in the Apollo missions. They landed on the Moon. When the astronauts came back to Earth, 600 million people had seen their adventures live on television 4 days before.*

Marqueur de temps	Exemple	Traduction
in + *month/year*	*in February, in 2018*	en février, en 2018
on + *day*	*He left on Monday.*	Il est parti Ø lundi.
after + base verbale + *-ing*	*After leaving the Moon…*	Après avoir quitté la Lune…
before + base verbale + *-ing*	*Before calling the President…*	Avant d'appeler le président…
days/months/years + *ago*	*Fifty years ago, Facebook didn't exist.*	Il y a cinquante ans, Facebook n'existait pas.
during + groupe nominal	*He studied during the holidays.*	Il a étudié pendant les vacances.
for + groupe nominal	*They practised for two months!*	Ils se sont entraînés pendant deux mois !

2 Vocabulaire

In English	En français
to land	atterrir
to send into	envoyer dans
the Moon	la Lune
the Earth	la Terre
an astronaut	un astronaute
to trade	faire du commerce
to hide	(se) cacher

Exercices

→ Corrigés page 233

❶ Coche les marqueurs de temps qui te permettent de compléter la phrase.

1. Mark Zuckerberg was born ……… 1984 and co-founded Facebook ……… 2004.

a. ▢ in – in   b. ▢ in – during

2. The astronauts couldn't use Facebook ……… their Apollo mission!

a. ▢ in   b. ▢ during

3. MP3s didn't exist ……… 1969! They were invented only 25 years ………

a. ▢ during – ago   b. ▢ in – ago

❷ Trouve le marqueur de temps qui n'est pas correctement utilisé et propose une correction.

Mark Zuckerberg and his friends founded Facebook on 2004. In January 2017, Mark Zuckerberg severely criticised President Trump's immigration policy.

❸ Complète le texte à l'aide des marqueurs proposés.

a. after   b. ago   c. in

Two years ……… (1) Tim Evans invented a time machine. ……… (2) April he went back in time to 1937 and went to the cinema to see the Walt Disney film of the year! Here is the story: ……… (3) being chased by a jealous queen, a princess goes and hides in the forest. There, she meets seven little miners…

I'm a time traveller!

FICHE 15

MÉMO

THÈMES clés

Le prétérit : fiche 11
Les *question tags* : fiche 12
Le prétérit continu et le *past perfect* : fiche 13
Les marqueurs de temps : fiche 14

MOTS clés

A commercial: une publicité (à la télévision)
To do one's homework: faire ses devoirs
An explorer: un explorateur
To land: atterrir
To trade: faire du commerce

TABLEAU-BILAN

Construction des temps du passé

	Prétérit	Prétérit continu	*Past perfect*
Forme affirmative	sujet + base verbale + *-ed* ou sujet + forme irrégulière du verbe (→ *voir fiches n° 32-34*)	sujet + *was/were* + base verbale + *-ing*	sujet + *had* + base verbale + *-ed* ou sujet + *had* + participe passé irrégulier du verbe (→ *voir fiches n° 32-34*)
Forme négative	sujet + *didn't* + base verbale	sujet + *wasn't/ weren't* + base verbale + *-ing*	sujet + *hadn't* + base verbale + *-ed* ou sujet + *hadn't* + participe passé irrégulier du verbe (→ *voir fiches n° 32-34*)
Forme interrogative	*did* + sujet + base verbale	*was/were* + sujet + base verbale + *-ing*	*had* + sujet + base verbale + *-ed* ou *had* + sujet + participe passé irrégulier du verbe (→ *voir fiches n° 32-34*)

Je partage d'évènements récents : le *present perfect* (1)

FICHE **16**

1 Le *present perfect*

a. Emploi

- Lorsqu'on souhaite établir un **lien direct entre un évènement passé et le moment présent**, on utilise le *present perfect*.
- On l'utilise par exemple pour **faire un bilan**.

Present perfect
- Lien entre présent et passé
- Bilan d'une situation

b. Construction

Have conjugué au présent	+	Participe passé du verbe
She has		*lost her mobile.*

Méthode — **Former le participé passé d'un verbe**

Pour utiliser le *present perfect*, tu dois former le participe passé du verbe que tu vas conjuguer.
Il peut se former de deux façons, selon que le verbe est **régulier** ou **irrégulier**.
- Pour un verbe régulier, on ajoute *-ed* à la base verbale : *She has worked late yesterday.*
- Les verbes irréguliers (→ *voir fiches n° 32-34*) sont à connaître par cœur : *She hasn't seen him.*

2 L'adverbe *just*

Pour insister sur un **passé très récent**, un **évènement qui vient de se produire**, on utilise l'adverbe *just*.

Exemples : *The police have just blocked the road.*
I have just sent a text message to my mum.

Exercices

→ Corrigés page 234

❶ Voici un texte en français. Souligne le groupe verbal qu'il faudrait mettre au *present perfect* dans la version anglaise.

Je suis arrivé à Londres avant-hier. J'adore cette ville ! J'ai rendez-vous au British Museum dans une heure. J'ai acheté une carte pour le bus et maintenant j'attends qu'il arrive. Je viens aussi d'envoyer un texto à mes amis pour leur demander de m'attendre devant l'entrée du musée.

❷ Coche la notion exprimée par les groupes verbaux soulignés.

1. I'm calling from London. I<u>'ve just caught</u> my bus.

a. ☐ action en cours
b. ☐ action très récente
c. ☐ action passée

2. I <u>visited</u> London in 2010.

a. ☐ action en cours
b. ☐ action très récente
c. ☐ action passée

3. But they are on the bus! Look, they<u>'re walking up</u> the stairs.

a. ☐ action en cours
b. ☐ action très récente
c. ☐ action passée

4. She <u>has just parked</u> her car outside the building.

a. ☐ action en cours
b. ☐ action très récente
c. ☐ action passée

❸ Conjugue les verbes entre parenthèses au *present perfect*. N'oublie pas l'auxiliaire *have* ni l'adverbe *just* !

1. They .... (see) a road accident.
2. You .... (call) your parents.
3. The bus driver .... (warn) the passengers that he can't take the usual way today.

Je dresse un bilan : le *present perfect* (2)

FICHE
17

1 Texte : *Brian's travels*

Brian is a photojournalist. He has travelled around the world!

Australia? Brian has visited Australia four times!
India? Brian has been there and taken pictures of the Taj Mahal.
Chili? Brian has travelled across the country as a reporter for *GEO* magazine.
Greenland? Brian has experienced the harsh cold weather there to meet the Inuit.
Greece? Brian has taken pictures of Athens for two months.

2 Le *present perfect*

Pour dresser un bilan, comme celui des voyages de Brian ci-dessus, on utilise le *present perfect*.

Exemples : *Brian has visited Australia four times!*
Brian has taken pictures of Athens for two months.

Méthode

For ou since ?

- Pour dire depuis quand ou depuis combien de temps a démarré la situation dont on parle, on peut utiliser les termes *for* et *since*.
- *For* insiste sur la durée de l'évènement.
- *Since* insiste sur le point de départ de l'évènement.

Ex. : Brian has worked in Sweden for three weeks.
Brian has worked in Sweden since February.

3 Vocabulaire

In English	En français
a photojournalist	un photojournaliste
around the world	dans le monde entier
to travel	voyager
harsh	rude, dur
to take pictures/photographs	faire/prendre des photos
a camera	un appareil photo

Exercices

→ Corrigés page 234

1 Les termes *for* et *since* ont été mal utilisés dans cet article sur le réchauffement climatique. Les erreurs ont été soulignées : à toi de les corriger!

"Temperatures in the Arctic have warmed up for (1) 2002. Greenlandic people have travelled longer and longer distances along their frozen fjords to hunt for food since (2) a decade."

2 Complète les phrases suivantes en conjuguant le verbe entre parenthèses au *present perfect.*

1. He .... (mail) new pictures to complete his story.
2. He .... (capture) amazing moments.
3. Brian .... (read) many books and articles to understand the country.

3 Relie les propositions entre elles afin de former des phrases logiques.

1. I've just sent my latest pictures, •	• a. three times this year.
2. I've been studying the ecological situation of the country •	• b. and my editor is going to check them.
3. They've sent me to Arizona •	• c. for months!
4. She's bought a new camera •	• d. because the sales have just started!

Je déduis ce qui vient de se passer : le *present perfect* (3)

FICHE 18

1 Texte : *A hero with deductive reasoning abilities*

Miss Emely Kane has just seen something very strange. She's visiting the hero of the TV series *Sherlock Holmes* for advice.

Here is what she tells him: "I've just heard the most horrible noise coming from my neighbours in the flat above mine. I'm so scared! I've literally sprinted to your office." Sherlock answers: "But you aren't exactly out of breath and your cheeks look cool. I'm afraid you haven't rushed down here. You're lying to me, Miss."

Sherlock Holmes utilise le *present perfect* pour déduire ce qui vient de se passer : puisque Miss Kane n'a pas les joues rouges, Sherlock en déduit qu'elle n'a pas couru.

Méthode

Present perfect ou prétérit ?

Pour savoir si tu dois utiliser le *present perfect* ou le prétérit, tu dois analyser la situation dont tu parles.

Present perfect	Prétérit
Résultat dans le présent d'un évènement récent	Faits passés et révolus

2 Vocabulaire

In English	En français
to lie ≠ to tell the truth	mentir ≠ dire la vérité
a TV series	une série TV
a scientist	un scientifique
an investigation, to investigate a case	une enquête, enquêter sur une affaire
to solve a mystery	résoudre un mystère, une énigme

Exercices

→ Corrigés page 234

❶ Complète les phrases suivantes en choisissant entre le *present perfect* et le prétérit.

1. *Sherlock Holmes* is a TV series that .... a lot of positive critics.

☐ a. received
☐ b. has received

2. The first season of *Sherlock* .... broadcasted in 2010.

☐ a. has been
☐ b. was

3. The police .... the suspect last month.

☐ a. arrested
☐ b. have arrested

4. Mrs. Watson .... many cases. She's getting more and more experienced.

☐ a. has investigated
☐ b. investigated

❷ Relie les causes à leurs conséquences.

1. He's raced back to the office. •	• a. He's checking all the elements again and again.
2. It's 10 o'clock in the evening. The detective hasn't solved the case. •	• b. It's a bit strange because nobody has reported her missing.
3. They've searched for two days and finally found Miss Kane's body on the bridge. •	• c. He's out of breath.
4. Mrs. Watson is listening to the witness. •	• d. She has the feeling he hasn't told her everything.

Je m'exprime sur l'actualité : la voix active et la voix passive

FICHE 19

1 Voix active ou voix passive ?

• Pour choisir la voix que tu vas utiliser, tu dois savoir **ce que tu souhaites mettre en avant dans l'énoncé**.

• La **voix active** met l'accent sur **le sujet qui accomplit l'action**.

Exemple : *He is facing jail for stealing.* → **Il risque** la prison pour vol.

• La **voix passive** permet de centrer l'énoncé sur l'**action** et sur **celui qui la subit**. Le sujet est soit très facilement identifiable soit sans importance pour l'énonciateur.

Exemple : *Two people have been taken to hospital.* → Deux personnes **ont été conduites** à l'hôpital.

2 Conjugaison des voix active et passive

Temps/ aspect	Voix active	Voix passive
Présent simple	They **analyse** the news.	The news **is** analys**ed**.
Présent continu	They **are** analys**ing** the news.	The news **is being** analys**ed**.
Present perfect	They **have** analys**ed** the news.	The news **has been** analys**ed**.
Prétérit	They analys**ed** the news.	The news **was** analys**ed**.
Prétérit continu	They **were** analys**ing** the news.	The news **was being** analys**ed**.
Past perfect	They **had** analys**ed** the news.	The news **had been** analys**ed**.
Futur	They **will** analyse the news.	The news **will be** analys**ed**.

3 Vocabulaire

In English	En français
breaking news	les dernières informations
the news	les informations
the headlines	les gros titres
to cover a story	faire un reportage
injured	blessé
a straw	une paille

Attention

Le terme *news* s'accorde au singulier !
Ex. : The news ***is*** *good.*

Exercices

→ Corrigés page 234

1 Indique si les titres de journaux sont à la voix active ou passive.

1. Two passengers have been injured.

a. ☐ voix active b. ☐ voix passive

2. Plastic straws have been taxed since October.

a. ☐ voix active b. ☐ voix passive

3. The New York Fire Department is attending the scene of a fire in Manhattan.

a. ☐ voix active b. ☐ voix passive

2 Souligne le groupe verbal à la voix passive.

Patricia Orwell has been sent to Mexico to cover the story of a new company called City Kids. Patricia can speak Spanish so it's easy for her to have interesting conversations with the people working for City Kids. She's sending her first article tomorrow evening.

3 Les phrases suivantes sont à la voix passive mais l'une d'entre elles est mal construite. Souligne-la et propose une correction.

1. This very bad review was written by a Belgian journalist.

2. Her provoking article has read by thousands of people.

Guess what just happened to me!

FICHE 20

MÉMO

THÈMES clés

***Present perfect* : fiches 16 et 17**
***Present perfect* et prétérit : fiche 18**
Voix active et voix passive : fiche 19

MOTS clés

To travel: voyager
To take pictures: faire/prendre des photos
To solve a mystery: résoudre un mystère, une énigme
A TV series: une série télé
The headlines: les gros titres

SCHÉMAS-BILANS

Construction du *present perfect*

- sujet + *has/have* + base verbale + *-ed*
- sujet + *has/have* + participe passé irrégulier du verbe (→ *voir fiches n° 32-34*)

Prétérit ou *present perfect* ?

Prétérit → Faits passés et révolus

Present perfect → Résultat présent d'un évènement récent
→ Bilan

Voix active ou voix passive ?

Voix active → Accent mis sur le sujet qui accomplit l'action

Voix passive → Accent mis sur celui qui subit l'action

L'infinitif, l'impératif et l'exclamation

FICHE 21

1 L'infinitif

- L'infinitif est constitué de la base verbale, précédée ou non de *to*.

Exemple : *I want to throw a party.*

- À la **forme négative**, on ajoute l'auxiliaire *do* à la forme négative devant la base verbale.

Exemple : *I don't want to throw a party.*

- L'infinitif permet aussi d'exprimer le **but**.

Exemple : *I'm going to the library to borrow a book.*

Attention

Avec les verbes *let* et *make*, on utilise la base verbale seule : *My dad lets me use his home studio.*

2 L'impératif

L'impératif peut se construire de plusieurs façons :
- 1re personne du pluriel + *Let's* + base verbale : *Let's pick a super theme for my party!*
- 2e personne du singulier ou du pluriel + *Don't* + base verbale : *Don't do that!*
- base verbale seule, en début de phrase : *Ask a band over!*

3 L'exclamation

L'exclamation se construit avec les termes *how*, *so* et *what* :
- *how/so* + adjectif : *How lucky you are!*
It's so unexpected!
- *what* + nom ou groupe nominal : *What a great evening!*

4 Vocabulaire

In English	En français
to have fun	s'amuser
to throw a party	organiser une fête
a present	un cadeau
a guest	un invité

Exercices

→ Corrigés page 235

❶ Tu organises une fête pour ton anniversaire. Complète les recommandations de tes parents à l'aide des termes ci-dessous.

a. make b. don't c. write d. what

.... (1) a note to our neighbours to let them know you're celebrating your birthday tomorrow evening. Is this the invitation you've posted? .... (2) a beautiful picture! We've bought all sorts of drinks, so .... (3) sure everybody picks what they like. .... (4) forget to clean the room once the party is over!

❷ Trouve la phrase incorrecte et propose une correction.

1. Let's go and get a present for her!
2. Let's not buy something too expensive!
3. Let's an ice-coated cake with her name on it!

❸ Ton meilleur ami veut organiser une soirée à thème pour son anniversaire et te demande de l'aider. Relie ses interventions à tes réactions.

1. Let's organise a treasure hunt! •	• a. Don't mention Star Wars! I didn't like *The Last Jedi.*
2. I'd love a fancy-dress party... Star Wars? •	• b. What an excellent idea! I'll be the D.J.
3. Shall I write: "Bring your own music! We'll mix!"? •	• c. First of all, prepare your guest list.
4. Help me, please! I don't know where to start. •	• d. How boring!

Je parle de l'avenir : le futur

FICHE **22**

1 L'expression du futur

Il existe plusieurs façons d'**exprimer le futur** en anglais. Tu dois choisir celle que tu vas utiliser selon ce que tu souhaites exprimer.

a. *Will*

Avec *will*, on peut exprimer :
- une décision prise au moment où l'on parle : *Wait for me! I'll go with you!*
- un fait à venir : *I'll be 16 next May ;*
- une incertitude : *I wonder whether my sister will come.*

Attention

Will est un auxiliaire modal (→ *voir fiche n° 23*). Il est toujours suivi d'un verbe à l'infinitif.

b. *Be* + base verbale + *-ing*

Avec ***be* + base verbale + *-ing***, on exprime une intention.

| Exemple : *I'm leaving tomorrow.*

c. *Be going to*

La forme ***be going to*** permet d'indiquer :
- une intention : *I'm going to throw a party for my daughter's sweet sixteen.* → Je vais organiser une fête pour les seize ans de ma fille.
- une prédiction à partir d'indices présents ou flagrants : *Good music, nice atmosphere… Mary's sweet sixteen **is going to be** a fabulous party.* → De la bonne musique et une bonne ambiance… La fête pour les seize ans de Mary va être géniale !

2 Vocabulaire

In English	En français
to wait for somebody	attendre quelqu'un
sweet sixteen	fête du seizième anniversaire (tradition anglo-saxonne)
a music band	un groupe de musique
big sister/brother	grande sœur/grand frère

Exercices

→ Corrigés page 235

❶ Complète les phrases à l'aide de la bonne expression du futur.

1. Vicky .... her 16th birthday next year.

a. ▢ will celebrate b. ▢ is celebrating c. ▢ is going to celebrate

2. My big sister .... me prepare everything for my party tonight.

a. ▢ will help b. ▢ is helping c. ▢ is going to help

3. OK. I .... my dad if he can lend me his car.

a. ▢ will ask b. ▢ am asking c. ▢ am going to ask

4. Her big sister is coming with a music band. This ...... a great party!

a. ▢ will be b. ▢ is being c. ▢ is going to be

❷ Quelle est la situation exprimée dans les phrases suivantes ?

1. I'll drive you to her party tonight. Don't worry.

a. ▢ un engagement b. ▢ un fait officiel

2. Once the party is over, the living room is going to be a mess.

a. ▢ un fait officiel
b. ▢ un évènement à venir au vu d'indices présents

3. Let's hope my guests will enjoy my party!

a. ▢ une incertitude b. ▢ un engagement

4. I'm getting the drinks this afternoon.

a. ▢ une intention
b. ▢ une décision prise sur le moment

❸ Parmi ces trois phrases, une seule est correcte. Laquelle ?

1. He didn't invite me to his party! I'm going to remember it!

2. He didn't invite me to his party! I'll remember it!

3. He didn't invite me to his party! I remember it!

J'explique les règles d'un jeu : *must*, *can* et *have to*

FICHE 23

1 Texte : *Everybody knows Monopoly but… what are the rules?*

→ The player **must** roll the dice.

→ You **can** use two dice or one.

→ The player **must** move his/her token forward.

→ If the player lands on a property that isn't owned by anyone, he/she **can** buy it.

→ When you build houses on your property you **can't** buy one house only and leave the rest of your properties empty.

2 Les auxiliaires modaux

a. Emploi

- Les modaux sont des **auxiliaires** :

– ils sont toujours suivis d'une base verbale ;
– ils ne prennent pas de « s » à la 3e personne du singulier ;
– ils n'ont ni forme infinitive, ni forme *-ing*, ni participe passé.

- Ils indiquent le **point de vue de l'énonciateur** sur l'énoncé.

b. *Must* et *can*

On emploie *must* et *can* pour exprimer l'**obligation** et la **permission** ou la **capacité**.

À retenir

La capacité peut aussi s'exprimer avec ***be able to***.

Méthode — Utiliser les auxiliaires modaux

	Must	*Can*
Forme affirmative	Obligation *Ex. : She **must** roll the dice.*	Permission, capacité *Ex. : He **can** buy this property.*
Forme négative	Interdiction (c'est l'avis de l'énonciateur) *Ex. : She **must not** cheat.*	Incapacité, impossibilité *Ex. : I **cannot** play. I have no tokens.*
		Interdiction (c'est contre les règles) *Ex. : You **can't** build on somebody else's property.*

3 *Have to*

• Pour exprimer une **obligation** ou une **contrainte** imposée par des circonstances extérieures, on utilise la forme ***have to***, suivie de la base verbale.

| Exemple : *You **have to** play. It's your turn!*

• Pour indiquer l'absence de nécessité, on utilise ***not have to***.

| Exemple : *You **don't have to** buy this property if you don't want to.*

4 Vocabulaire

In English	En français
to roll the dice	lancer le/les dé(s)
a property	une propriété
to own	posséder
to cheat	tricher
a token	un jeton, un pion
to move forward	avancer

Exercice

→ Corrigés page 235

1 Coche le modal qui permet de compléter la phrase.

1. First you .... roll the dice and then you .... move your token forward.

a. ☐ must b. ☐ must not c. ☐ can d. ☐ cannot

2. You .... move your token forward the number of game spaces as indicated on the dice.

a. ☐ must b. ☐ must not c. ☐ can d. ☐ cannot

3. You .... buy a hotel if you haven't bought four houses in the first place.

a. ☐ must b. ☐ must not c. ☐ can d. ☐ cannot

Je demande la permission et je donne des conseils : *could*, *may* et *should*

FICHE 24

1 La demande de permission

Outre le modal *can* (→ *voir fiche n° 23*), la demande de permission peut s'effectuer avec *could* (forme passée de *can*) et *may*.

Can : Demande de permission courante → **Could/May** : Demande de permission polie

Exemples : *Could I go out and play Pokemon Go?*
May I play Pokemon Go with my friends?

2 Le conseil

• Pour donner un conseil, on utilise le modal *should* (forme passée de *shall*).

Exemple : *You should put your phone on vibrate.*

• *Should not*, la forme négative de *should*, permet de donner un conseil négatif, voire d'adresser un reproche à quelqu'un.

Exemple : *He shouldn't play while driving!*

3 Vocabulaire

In English	En français
on vibrate	sur le mode vibreur
an augmented reality game	un jeu en réalité augmentée
a board game	un jeu de société
a character	un personnage
to catch	attraper
a screen	un écran
up to	jusqu'à
a mobile	un téléphone portable
an app	une application

Exercices

→ Corrigés page 235

❶ Deux modaux sont déjà soulignés dans ce texte : souligne le reste des modaux et leurs équivalents.

Bored with board games? Try Pokemon Go!

Pokemon Go is an augmented reality game. The objective is to catch Pokemon characters in the real world! You don't have to be a Pokemon fan to enjoy the game.
You must go out and start walking around, then your smartphone <u>will</u> vibrate and a Pokemon <u>will</u> appear on your screen. You must tap on it to try to catch it!
You can catch up to 150 Pokemon. Each geographical area has a specific Pokemon.

❷ Coche la notion indiquée par chaque auxiliaire modal.

1. May I use your mobile, please?

a. ☐ capacité b. ☐ permission c. ☐ permission polie
d. ☐ obligation e. ☐ conseil

2. You can catch up to 150 Pokemon.

a. ☐ capacité b. ☐ permission c. ☐ permission polie
d. ☐ obligation e. ☐ conseil

3. She should download the app.

a. ☐ capacité b. ☐ permission c. ☐ permission polie
d. ☐ obligation e. ☐ conseil

4. He had to buy a new charger.

a. ☐ capacité b. ☐ permission c. ☐ permission polie
d. ☐ obligation e. ☐ conseil

❸ Coche la forme verbale qui convient pour compléter la phrase.

1. I .... get up early tomorrow morning.

a. ☐ must b. ☐ will have to

2. .... I use your charger, please?

a. ☐ Can't b. ☐ May

I'm throwing a party!

FICHE 25

MÉMO

THÈMES clés

L'infinitif, l'impératif et l'exclamation : fiche 21
L'expression du futur : fiche 22
Must, can **et** ***have to*** : fiche 23
Could, may **et** ***should*** : fiche 24

MOTS clés

To have fun: s'amuser
A guest: un invité
A music band: un groupe de musique
To roll the dice: lancer le/les dé(s)
A board game: un jeu de société

SCHÉMA-BILAN

Les modaux

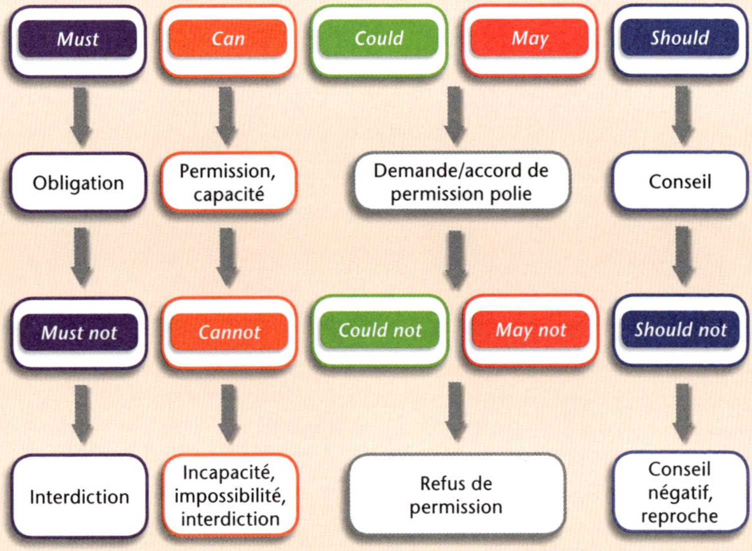

Je suggère des explications : la probabilité (1)

FICHE **26**

1 Texte : *What's wrong?*

Your best friend Sam refuses to go to Malta with you! You're wondering why…

Sam may be afraid to fly. We need to take the plane to go to Malta!

Sam can't be cross with me. We're best friends!

Sam must be in trouble. I must see her and ask her what's wrong.

2 L'expression de la probabilité

Pour **suggérer des explications** ou **exprimer des hypothèses**, on emploie les auxiliaires modaux.

Probabiblité (de plus en plus forte)

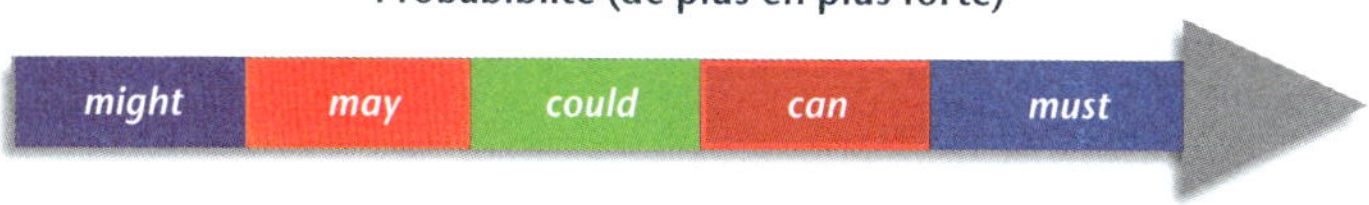

a. *Might*

La probabilité est très faible.

| Exemple : *Sam might be allergic to heat.*

b. *May*

La probabilité est un peu plus plus forte, mais le locuteur présente toujours son hypothèse comme une éventualité incertaine.

| Exemple : *Sam may be allergic to heat.*

c. *Could*

Avec *could*, le locuteur exprime une explication qui paraît plausible.

| Exemple : *Sam could be afraid of water.*

d. *Cannot*

Avec *cannot*, le locuteur avance une hypothèse impossible à ses yeux.

| Exemple : *Sam can't be angry at me.*

e. *Must*

Avec *must*, le locuteur indique une quasi-certitude, une hypothèse très probable.

| Exemple : *Sam must be angry at me.*

3 Vocabulaire

In English	En français
to fly/to take the plane	prendre l'avion
to be in trouble	avoir des problèmes
to be cross with somebody/ to be angry at somebody	être en colère contre quelqu'un
the heat	la chaleur
a map	une carte
to go camping	faire du camping

Exercices

→ Corrigés page 236

1 Suivant le sens de la phrase, coche le modal à utiliser pour la traduire.

1. Mon père ne prend pas mes appels. Il doit être au volant.

a. ☐ must b. ☐ can't

2. Il se pourrait qu'ils soient déjà en vacances.

a. ☐ can b. ☐ might

3. Elle a peut-être peur parce qu'elle n'a pas pied.

a. ☐ could b. ☐ must

4. Ils ne peuvent pas être sur une autre plage, c'est celle qu'ils préfèrent.

a. ☐ may b. ☐ can't

2 Entoure la phrase qui exprime la probabilité la plus forte.

1. My friends might be on the beach today, the weather is ideal.
2. My friends could be on the beach today, the weather is ideal.
3. My friends must be on the beach today, the weather is ideal.

Je retrace un itinéraire : la probabilité (2)

FICHE 27

1 Texte : *I'm lost!*

You've just arrived in Falmouth, a beautiful place in Cornwall. You'd like to visit the castle so you check your way on the map…

→ I'm right next to Swanpool, so now if I follow this street, I should get to the beach and then to the castle.

→ No, I'm wrong. I can't be next to Swanpool. This is the maritime museum!

2 L'expression de la probabilité

Pour exprimer une supposition, on peut utiliser les auxiliaires modaux, dont l'auxiliaire *should*. Pour exprimer l'impossibilité, on utilise *can't*.

Exemples : *If I'm not mistaken, I **should** be able to see the castle from the beach.*
*If I read this map correctly, the castle **can't** be that far.*

Méthode

Exprimer la probabilité avec les auxiliaires modaux

Might	*Could/May*	*Can*	*Should*	*Can't*	*Must*
Probabilité faible		Probabilité moyenne		Impossibilité	Quasi-certitude
Il se pourrait que ce soit ça.	Ce pourrait être ça.	C'est peut-être ça.	Ce devrait être ça.	C'est évident, c'est impossible.	C'est certain, c'est ça.

3 Vocabulaire

In English	En français
to snorkel	faire de la plongée avec masque et tuba
a location	un endroit
a fortress	une forteresse
the main road	la route principale

Exercices

→ Corrigés page 236

1 Relie chaque auxiliaire modal à l'amorce de phrase qui lui correspond.

1. I'm really not sure •   • a. might
2. I'm absolutely sure •   • b. should
3. Logically speaking •   • c. must

2 Complète les phrases à l'aide du bon auxiliaire modal.

1. I love snorkelling, so I think Cornwall .... be the ideal location for me.

a. ☐ might   b. ☐ should

2. You .... have a wonderful view from the fortress.

a. ☐ could   b. ☐ must

3. This .... be a shortcut but I'm really not sure so I'll stay on the main road.

a. ☐ can   b. ☐ might

3 Complète la traduction des phrases suivantes.

1. If you take an interest in history, this castle should fascinate you.

Si tu t'intéresses à l'histoire, ...

2. The weather isn't too bad so they might go sailing.

Le temps n'est pas trop mauvais, ...

J'enrichis mes descriptions : les noms et adjectifs composés

FICHE **28**

1 Les noms composés

Les mots qui constituent un **nom composé** peuvent être :
- reliés ou non par un **trait d'union** ;
- écrits en **un seul mot**.

Un seul mot	Deux mots séparés	Deux mots reliés
grandson	horse race	town-hall
policeman	swimming pool	grown-up
boyfriend	driving licence	dining-table

Attention

→ *a teacup:* une tasse pour le thé
→ *a cup of tea:* une tasse contenant du thé

Méthode

Former un nom composé

- Les noms composés peuvent se former de différentes manières :
- **nom** + **nom** ;
- **adjectif** + **nom** ;
- **verbe** + **nom** ;
- **nom** + **adverbe**.

- La deuxième partie du nom composé est le nom principal : il **identifie la personne ou l'objet** dont on parle.

- La première partie attribue une **caractéristique** à cette personne ou cet objet. Elle joue le rôle d'adjectif et est donc **invariable**.
Ex. : ***driving** licence* → **permis** de conduire.

2 Les adjectifs composés

- L'adjectif composé obéit aux **mêmes règles que l'adjectif simple** : il se place devant le nom et est invariable.

- Les éléments qui le composent sont **toujours reliés par un trait d'union**.

Méthode

Former un adjectif composé

adjectif/nom + adjectif	adjectif + nom *-ed*	nombre + nom + adjectif	adjectif + participe présent	adjectif + participe passé
light-blue	red-haired	13-year-old	old-looking	well-known
dark-green	left-handed	6-foot-high	fast-running	home-made
navy-blue	blue-eyed	one-way	slow-moving	ice-coated

Exercices

→ Corrigés page 236

1 Forme quatre adjectifs composés à l'aide des mots suivants. N'oublie pas le trait d'union !

a. looking b. good c. brown d. made
e. eyed f. haired g. home

1. ....
2. ....
3. ....
4. ....

2 Relie le nom composé à la bonne définition.

1. You go to the hairdresser to have a new • • a. greenhouse.
2. To wash your clothes, you put them in the • • b. high-speed train.
3. I can't drive a car because I don't have my • • c. washing machine.
4. The French TGV is a • • d. haircut.
5. In England, people often grow tomatoes in a • • e. driving licence.

Je présente un film : la proposition subordonnée relative

FICHE **29**

1 Texte : *King Arthur: Legend of the Sword*

You're preparing a 10-minute presentation of the film King Arthur: Legend of the Sword.

→ *King Arthur: Legend of the Sword* → an epic fantasy film.

→ The film was inspired by the legend of King Arthur.

→ In the film, young Arthur is the only survivor of a massacre perpetrated by his uncle.

→ Arthur is put on a boat and grows up on the streets of London.

→ But once Arthur is forced to pull his father's sword from the stone, there is no way back!

2 La proposition subordonnée relative

• Pour rédiger les notes prises ci-dessus, il faut employer des propositions subordonnées relatives.

Exemples : King Arthur: Legend of the Sword, ***which*** *is an epic fantasy film, was inspired by the legend of King Arthur.*

His uncle, ***who*** *killed his dad, attempted to murder him too.*

The scene ***in which*** *Arthur pulls out the sword is superb.*

The film starts ***when*** *Vortigem murders Arthur's father and seizes the sword.*

• La proposition subordonnée relative permet d'apporter une **information supplémentaire** sur le nom de la proposition principale.

• Elle est reliée à la proposition principale par un **pronom relatif**.

Méthode

Utiliser les pronoms relatifs

Le choix du pronom relatif dépend du nom de la proposition principale, qu'il remplace.

Une personne	Un sujet autre qu'une personne (chose, idée)	Un lieu	Un moment	Un objet ou un énoncé	Lien de possession
who	*which, that*	*where*	*when*	*which*	*whose*

3 Vocabulaire

In English	En français
fantasy	fantastique (genre littéraire)
a sword	une épée
to pull something from	retirer de
to be released	sortir (pour un film au cinéma, un livre en librairie, etc.)
to take place	se dérouler, avoir lieu
a review	une critique

Exercices

→ Corrigés page 236

1 Complète les phrases suivantes à l'aide du bon adjectif composé.

1. The film, ………… was released in 2017, got very good reviews.

a. ☐ which b. ☐ that c. ☐ who d. ☐ where

2. Charlie Hunnam ……… plays King Arthur is an incredible actor!

a. ☐ which b. ☐ that c. ☐ who d. ☐ where

3. The place ………… the action takes place is fantastic.

a. ☐ which b. ☐ that c. ☐ who d. ☐ where

4. It's an epic story ……… takes place in Britain.

a. ☐ which b. ☐ that c. ☐ who d. ☐ where

2 Indique les pronoms relatifs qu'il faut utiliser pour traduire les phrases suivantes.

1. Le sorcier, qui est très effrayant, apparaît dès le début du film.

……………………………………………………………………………………

2. Le point culminant survient quand le meurtrier tombe dans le piège.

……………………………………………………………………………………

My best summer holidays

FICHE 30

MÉMO

THÈMES clés

L'expression de la probabilité : fiches 26 et 27
Les adjectifs et les noms composés : fiche 28
La proposition subordonnée relative : fiche 29

MOTS clés

To be in trouble: avoir des problèmes
A location: un endroit
To take place: se dérouler, avoir lieu
To be released: sortir (pour un film au cinéma, un livre en librairie, etc.)
A review: une critique

SCHÉMA-BILAN

L'expression de la probabilité

Might/Could/May	***Can/Should***	***Cannot***	***Must***
Probabilité faible	Probabilité faible	Impossibilité	Quasi-certitude
↓	↓	↓	↓
Might Il se pourrait que ce soit ça. ***Could/May*** Ce pourrait être ça.	***Can*** C'est peut-être ça. ***Should*** Ce devrait être ça.	C'est évident, c'est impossible.	C'est certain, c'est ça.

J'améliore ma prononciation : -s, -es et -ed

FICHE 31

1 La prononciation du -s (et du -es) final

a. Le -s final

- Le *-s* ou le *-es* que l'on ajoute à la base verbale, à la 3e personne du singulier au présent simple ou à la fin des mots au pluriel, se prononce toujours !

- La prononciation dépend du son (et non pas de la lettre !) qui précède le *-s* ou le *-es*.

b. Comment prononcer le -s final

- Si la fin du mot est sourde (*voiceless sound*), on le prononce [s]. Les *voiceless sounds* sont /p/, /t/, /k/, /f/, /s/, /ʃ/, /θ/.

Exemples : /f/ → *laughs* /k/ → *asks*
/p/ → *cups* /t/ → *cats*

- Si la fin du mot est sonore (*voiced sound*), on le prononce [z].
Les *voiced sounds* sont /b/, /d/, /g/, /v/, /z/, /ð/.

Attention
Tous les **sons voyelles** sont sonores.
Ex. : shoes, cars.

Exemples : /b/ → *pubs* /g/ → *bags* /d/ → *beds*

- On le prononce [iz] après les sons suivants : /ʤ/, /s/, /z/, /ʃ/, /ʧ/.

Exemples : /s/ → *buses* /ʃ/ → *washes* /tʃ/ → *watches*

2 La prononciation de la terminaison -ed

- La plupart du temps, *-ed* se prononce [d].

Exemples : *lived* ; *stayed* ; *dried*.

- Si la base verbale se termine par le son /p/, /k/, /f/, /s/, /ʃ/ ou /ʧ/, *-ed* se prononce [t].

Exemples : /p/ → *stopped* /k/ → *walked* /ʃ/ → *crashed* /f/ → *laughed*

- Si la base verbale se termine par le son [d] ou [t], le *-ed* se prononce [id].

Exemples : /d/ → *decided* /t/ → *started* ; *wanted* ; *elected*.

Exercices

→ Corrigés page 237

1 Coche la prononciation correcte du *-ed*.

1. accepted

a. ☐ [d] b. ☐ [t] c. ☐ [id]

2. closed

a. ☐ [d] b. ☐ [t] c. ☐ [id]

3. wanted

a. ☐ [d] b. ☐ [t] c. ☐ [id]

4. washed

a. ☐ [d] b. ☐ [t] c. ☐ [id]

5. tried

a. ☐ [d] b. ☐ [t] c. ☐ [id]

2 La terminaison des mots suivants se prononce-t-elle [s], [z] ou [iz] ?

1. books

a. ☐ [s] b. ☐ [z] c. ☐ [iz]

2. films

a. ☐ [s] b. ☐ [z] c. ☐ [iz]

3. videos

a. ☐ [s] b. ☐ [z] c. ☐ [iz]

4. houses

a. ☐ [s] b. ☐ [z] c. ☐ [iz]

5. passengers

a. ☐ [s] b. ☐ [z] c. ☐ [iz]

6. games

a. ☐ [s] b. ☐ [z] c. ☐ [iz]

7. messages

a. ☐ [s] b. ☐ [z] c. ☐ [iz]

8. travels

a. ☐ [s] b. ☐ [z] c. ☐ [iz]

9. experiences

a. ☐ [s] b. ☐ [z] c. ☐ [iz]

10. friends

a. ☐ [s] b. ☐ [z] c. ☐ [iz]

J'apprends les verbes irréguliers (1)

FICHE **32**

Pour utiliser les temps du passé et le *present perfect*, tu dois connaître la liste des verbes irréguliers.

1 Parcours la liste

Observe la liste des verbes. Elle est colorée afin que tu les mémorises plus facilement :
– en **orange** : les verbes aux déclinaisons identiques ;
– en **bleu** : les verbes qui se déclinent en o-a-o ;
– en **vert** : les verbes qui se déclinent en i-a-u ;
– en gris : participe passé en *-n* ou *-en.*

2 Lis les verbes

- Procède par **groupe de dix** :
– **lis** plusieurs fois **à haute voix** les dix premiers verbes ;
– fais l'exercice 1.
- Reprends la lecture de ta liste à haute voix, puis passe à l'exercice 2.

N°	Base verbale	Prétérit	Participe passé	En français
1	be	was	been	*être*
2	beat	beat	beat**en**	*battre*
3	become	became	become	*devenir*
4	begin	began	begun	*commencer*
5	**bet**	**bet**	**bet**	*parier*
6	bite	bit	bitt**en**	*mordre*
7	bleed	**bled**	**bled**	*saigner*
8	blow	blew	blow**n**	*souffler*
9	break	broke	brok**en**	*casser*
10	bring	**brought**	**brought**	*apporter*
11	build	**built**	**built**	*construire*
12	burn	**burnt**	**burnt**	*brûler*

N°	Base verbale	Prétérit	Participe passé	En français
13	**burst**	**burst**	**burst**	*éclater*
14	buy	**bought**	**bought**	*acheter*
15	catch	**caught**	**caught**	*attraper*
16	choose	chose	chose**n**	*choisir*
17	come	came	come	*venir*
18	**cost**	**cost**	**cost**	*coûter*
19	**cut**	**cut**	**cut**	*couper*
20	do	did	done	*faire*

Exercices

→ Corrigés page 237

1 Complète les séries de verbes.

1. beat .... beaten
2. bet .... bet
3. bleed .... bled
4. bet .... bet
5. bring ....

2 Indique la base verbale, le prétérit et le participé passé des verbes.

1. .... être
2. .... devenir
3. .... casser
4. .... apporter

3 Indique le prétérit des verbes.

1. choose → ....
2. come → ....
3. do → ....

J'apprends les verbes irréguliers (2)

FICHE 33

Observe la liste des verbes :
- en **orange** : les verbes aux déclinaisons identiques ;
- en **bleu** : les verbes qui se déclinent en o-a-o ;
- en **vert** : les verbes qui se déclinent en i-a-u ;
- en gris : participe passé en *-n* ou *-en.*

Attention

La consonne finale de la base verbale est doublée pour former le participe passé de certains verbes.
Ex. : bit → bitten ;
hid → hidden.

N°	Base verbale	Prétérit	Participe passé	En français
21	draw	drew	draw**n**	*dessiner*
22	drink	drank	drunk	*boire*
23	drive	drove	driven	*conduire*
24	eat	ate	**eaten**	*manger*
25	fall	fell	**fallen**	*tomber*
26	feed	**fed**	**fed**	*nourrir*
27	feel	**felt**	**felt**	*sentir, éprouver*
28	fight	**fought**	**fought**	*combattre*
29	find	**found**	**found**	*trouver*
30	fly	flew	flow**n**	*voler*
31	forget	forgot	forgott**en**	*oublier*
32	freeze	froze	froz**en**	*geler*
33	get	**got**	**got**	*obtenir*
34	give	gave	giv**en**	*donner*
35	go	went	go**ne**	*aller*
36	grow	grew	grow**n**	*grandir*
37	have	**had**	**had**	*avoir*
38	hear	**heard**	**heard**	*entendre*
39	hide	hid	hidd**en**	*(se) cacher*
40	hit	**hit**	**hit**	*frapper*
41	hold	**held**	**held**	*tenir*

N°	Base verbale	Prétérit	Participe passé	En français
42	hurt	**hurt**	**hurt**	*blesser*
43	keep	**kept**	**kept**	*garder*
44	know	knew	known	*savoir, connaître*
45	learn	**learnt**	**learnt**	*apprendre*
46	leave	**left**	**left**	*laisser, quitter*
47	lose	**lost**	**lost**	*perdre*
48	make	**made**	**made**	*faire, fabriquer*
49	mean	**meant**	**meant**	*signifier*
50	meet	**met**	**met**	*(se) rencontrer*

Exercices

→ Corrigés page 237

1 Indique le prétérit et le participe passé des verbes.

1. draw ....
2. drive ....
3. eat ....
4. fall ....

2 Indique le prétérit des verbes.

1. get → ....
2. go → ....
3. grow → ....

3 Indique la base verbale, le prétérit et le participé passé du verbe « connaître ».

....

4 Indique le prétérit des verbes.

1. hold → ....
2. learn → ....

J'apprends les verbes irréguliers (3)

FICHE 34

Observe la liste des verbes :

– en orange : les verbes aux formes identiques ;
– en bleu : les verbes qui se déclinent en o-a-o ;
– en vert : les verbes qui se déclinent en i-a-u ;
– en gris : participe passé en *-n* ou *-en.*

N°	Base verbale	Prétérit	Participe passé	En français
51	pay	**paid**	**paid**	*payer*
52	put	**put**	**put**	*mettre*
53	read	**read**	**read**	*lire*
54	ride	rode	ridden	*chevaucher, faire du vélo*
55	ring	rang	rung	*sonner*
56	run	ran	run	*courir*
57	say	**said**	**said**	*dire*
58	see	saw	seen	*voir*
59	sell	**sold**	**sold**	*vendre*
60	send	**sent**	**sent**	*envoyer*
61	set	**set**	**set**	*fixer*
62	shake	shook	shaken	*secouer*
63	shine	**shone**	**shone**	*briller*
64	shoot	**shot**	**shot**	*tirer*
65	shut	**shut**	**shut**	*fermer*
66	sing	sang	sung	*chanter*
67	sit	**sat**	**sat**	*être assis*
68	sleep	**slept**	**slept**	*dormir*
69	smell	**smelt**	**smelt**	*sentir (odorat)*
70	speak	spoke	spoken	*parler*
81	understand	**understood**	**understood**	*comprendre*
82	wake	woke	woken	*(se) réveiller*
83	wear	wore	worn	*porter (vêtements)*
84	win	**won**	**won**	*gagner*
85	write	wrote	written	*écrire*

Exercices

→ Corrigés page 237

❶ Indique le participe passé des verbes.

1. pay → ....
2. put → ....
3. read → ....
4. send → ....

❷ Indique la base verbale, le prétérit et le participé passé des verbes.

1. .... secouer
2. .... parler

❸ Complète les séries de verbes.

1. .... spent spent
2. stand .... stood
3. teach taught ....

❹ Indique la base verbale et le participe passé des verbes.

1. .... understood ....
2. .... woke ....
3. .... won ....
4. .... wrote ....

Corrigés

Partie 1 : Welcome to my world!

FICHE 1

❶ 1. is – 2. is – 3. has – 4. is – 5. has – 6. is – 7. has.
❷ 1. c – 2. b – 3. a.

FICHE 2

❶ 1. partager – 2. À mon avis – 3. déchets – 4. En ce qui me concerne – 5. une gourde – 6. moins de.
❷ 1. c – 2. b – 3. a.

FICHE 3

❶ 1. d – 2. b – 3. c – 4. e – 5. a.
❷ When did he meet the victim?

FICHE 4

❶ 1. Actually – 2. Therefore – 3. Consequently – 4. so.
❷ 1. b – 2. c.

Partie 2 : This is my hometown!

FICHE 6

❶ 1. the most beautiful – 2. the safest – 3. the best.
❷ Il faut barrer la phrase n° 2. On écrit biggest et non bigest.

FICHE 7

❶ 1. It is **sunnier** in Australia **than** in England!
2. Manly is **farther/further** from the city centre **than** The Rocks.
3. There are so many parks in Sydney. That city is **greener than** New York!
4. Alice says it is **more exciting** to ride your bike than to take the bus.
❷ b. Alice really enjoys her everyday life in Sydney. She thinks it is a friendlier city than Melbourne where she used to live before. Alice and her friends ride their bikes to go to school. It's so cool! Riding your bike is better **than** waiting for the bus! And guess what they do after school? They cycle to the beach. The beaches are really larger there than in England.

FICHE 8

❶ 1. a – 2. b – 3. c – 4. b – 5. a.

FICHE 9

❶ 1. b – 2. b – 3. c – 4. a.
❷ 1. e – 2. c – 3. a – 4. d – 5. b.

Partie 3 : I'm a time traveller!

FICHE 11

❶ Verbes à souligner : had ; was ; drew ; drank ; could (hear).
❷ 1. c – 2. b – 3. a.

FICHE 12

❶ Les *question tags* des phrases 1 et 4 sont corrects ; ceux des phrases 2 et 3 sont incorrectement utilisés.
❷ 1. You wanted to try a new sea route, didn't you?
2. You didn't sail round the coast of Africa, did you?

FICHE 13

❶ 1. Who was ruling the United States in 2016?
2. Had Bell already invented the telephone in 1750?
3. Where did the delegates meet to sign the 1776 Declaration of Independence?
4. Where did Obama go to receive his Nobel Prize?
❷ Groupes à souligner : was hosting ; was trying.
❸ 1. a – 2. a – 3. c.

FICHE 14

❶ 1. a – 2. b – 3. b.
❷ Mark Zuckerberg and his friends founded Facebook in 2004.
❸ 1. b – 2. c – 3. a.

Corrigés

Partie 4 : Guess what just happened to me!

FICHE 16

❶ Il faut souligner « je viens aussi d'envoyer » qu'on traduirait par « I have also sent ».
❷ 1. b – 2. c – 3. a – 4. b.
❸ 1. They **have just seen** a road accident.
2. You **have just called** your parents.
3. The bus driver **has just warned** the passengers that he can't take the usual way today.

FICHE 17

❶ 1. Il faut employer *since* car on parle du point de départ de l'action.
2. Il faut employer *for* car on indique la durée de l'action.
❷ 1. He **has mailed** new pictures to complete his story.
2. He **has captured** amazing moments.
3. Brian **has read** many books and articles to understand the country.
❸ 1. b – 2. c – 3. a – 4. d.

FICHE 18

❶ 1. b – 2. b – 3. a – 4. a.
❷ 1. c – 2. a – 3. b – 4. d.

FICHE 19

❶ 1. b – 2. b – 3. a.
❷ Il faut souligner le groupe verbal « has been sent ».
❸ Il faut corriger la 2de phrase : « Her provoking article has **been** read by thousands of people ».

Partie 5 : I'm throwing a party!

FICHE 21

❶ 1. c – 2. d – 3. a. – 4. b.

❷ Il faut entourer la phrase n° 3 : « Let's **make** an ice-coated cake with her name on it! »

❸ 1. d – 2. a – 3. b – 4. c.

FICHE 22

❶ 1. a – 2. b – 3. a. – 4. c.

❷ 1. a – 2. b – 3. a. – 4. a.

❸ La phrase n° 2 est correcte.

FICHE 23

❶ 1. a ; c – 2. a – 3. d.

FICHE 24

❶ **Groupes verbaux à souligner :** don't have to ; must (go out) ; must (tap on) ; can.

❷ 1. c – 2. a – 3. e – 4. d.

❸ 1. b – 2. b.

Partie 6 : My best summer holidays

FICHE 26

❶ 1. a – 2. b – 3. a – 4. b.

❷ Il faut entourer la phrase n° 3.

FICHE 27

❶ 1. a – 2. c – 3. b.

❷ 1. b – 2. b – 3. b.

❸ 1. Si tu t'intéresses à l'histoire, **tu devrais trouver ce château fascinant.**
2. Le temps n'est pas trop mauvais, **il se pourrait donc qu'ils aillent faire du bateau.**

FICHE 28

❶ 1. good-looking
2. brown-haired
3. brown-eyed
4. home-made

❷ 1. d – 2. c – 3. e – 4. b – 5. a.

FICHE 29

❶ 1. a – 2. c – 3. d. – 4. b.

❷ 1. who.
2. when.

Partie 7 : My memo cards

FICHE 31

❶ 1. c – 2. a – 3. c – 4. b – 5. a.
❷ 1. a – 2. b – 3. b – 4. c – 5. b – 6. b – 7. c – 8. b – 9. c – 10. b.

FICHE 32

❶ 1. beat – 2. bet – 3. bled – 4. bet – 5. brought ; brought.
❷ 1. be ; was ; been – 2. become ; became ; become – 3. break ; broke ; broken – 4. bring ; brought ; brought.
❸ 1. chose – 2. came – 3. did.

FICHE 33

❶ 1. drew ; drawn – 2. drove ; driven – 3. ate ; eaten – 4. fell ; fallen.
❷ 1. got – 2. went – 3. grew.
❸ know ; knew ; known.
❹ 1. held – 2. learnt.

FICHE 34

❶ 1. paid – 2. put – 3. read – 4. sent.
❷ 1. shake ; shook ; shaken – 2. speak ; spoke ; spoken.
❸ 1. spend – 2. stood – 3. taught.
❹ 1. **understand** ; understood ; **understood**.
2. **wake** ; woke ; **woken**.
3. **win** ; won ; **won**.
4. **write** ; wrote ; **written**.

5, allée de la 2e DB - 75015 PARIS
www.magnard.fr

Achevé d'imprimer en France en novembre 2021 par l'imprimerie CHIRAT
Dépôt légal : juillet 2018 ; N° éditeur : MAGSI20210872